Духовное и божественное путешествие

Шям Мехта, Центр Любящего Сердца
www.lovingheartcentre.net

Шям Мехта, 1952 – 2009
Духовное и божественное путешествие

Том 10, Собрание Центра Любящего Сердца

ISBN 1-4121-5206-2

Электронная почта: love@lovingheartcentre.net
Наш адрес в Интернет: www.lovingheartcentre.net

Мои работы

Я написал 42 книг, которые приведены ниже. Каждое слово во всех книгах пришло непосредственно от Бога Шри Кришна. Но современному западному уму эти книги часто не по вкусу. То что в них говорится кажется иногда смешным. Иногда абсурдным. Но если каждую фразу внимательно рассмотреть медитативным путём, можно набрать багаж правды, который поможет вам в жизни. Например, если взять мою книгу «Совершенствование своей сферы эмоциональной энергии», и просто смотреть в течение 3 минут на мою картину, представленную на обложке, то волнение вашей эмоциональной энергии (после того, как вы были расстроены, грубость, злость и т.п.) будет излечено. Я не думаю, что в чём-нибудь ошибся, передавая то, что сказал мой Бог.

Что представляет сегодня западный мир? Весь мир сегодня западный. Так что, когда я говорю «предвзятый западный ум», я рискую изменять весь мир. Таково моё внутреннее существо или существо Бога. Хотя в этом проекте Он кажется делает доброе дело.

Книга шуток (A Book of Jokes), ISBN: 978-1-4092-9071-1

Приятные, не сексуальные и не расистские шутки.

Руководство мужчины по достижению любви и счастья (A Man' s Guide to Developing Love and Happiness), ISBN: 1-4121-5210-0

Я показываю и мужчинам и женщинам, что счастливую жизнь можно вести более спокойным путём, чем вам кажется.

Астрология и анализ снов (Astrology and Dream Analysis), ISBN: 978-1-4092-9024-7

Ваше астрологическое число. Послания из ваших снов. Система Аллаха.

Моя автобиография (Autobiography of me), ISBN: 978-1-4092-8654-7

Кто я действительно такой.

Христианство (Christianity), ISBN: 978-1-4092-9112-1

Почему всё зло мира начинается отсюда. Почему это сейчас уже история.

Экономика (Economics), ISBN: 978-1-4092-9137-4

Оригинальный практический взгляд на эту старую «науку».

Шям Мехта, Центр Любящего Сердца
www.lovingheartcentre.net

Заключительные размышления (Final Thoughts), ISBN: 978-1-4092-8953-1
Здесь подытоживаются наиболее практичные из всех мудрых идей, которые необходимы, чтобы вести здоровую, счастливую, заполненную радостной любовью жизнь.
Будущий мир (Future World), ISBN: 978-1-4092-9058-2
Какова разумная оценка главных факторов, которые будут влиять на вас в течение следующих 20 лет?
Бог (God), ISBN: 978-1-4092-8918-0
Предсказания. Решать следует вам.
Здоровье (Health), ISBN: 978-1-4092-9052-0
Что такое «делать». Что делать. Что не делать.
Как учить своего ребёнка английскому языку (How to Teach Your Child English), ISBN: 978-1-4092-9135-0
Лучший метод.
Как учить своего ребёнка общим знаниям (How to Teach Your Child General Knowledge), ISBN: 978-1-4092-9104-6
Большая часть из того, что он учит, ему не требуется. Здесь говорится о том, что ему требуется.
Как учить своего ребёнка математике (How to Teach Your Child Maths), ISBN: 978-1-4092-9103-9
Полный курс математики, простым образом изложенный математиком.
Набор инструментов человека для самоанализа (Human Being Self Analysis Kit), ISBN: 1-4121-5380-8
Насколько хорошо работают ваши половые органы, тело, эмоциональный центр и ум?
Индийский брак (Indian Marriage), ISBN: 1-4121-5321-2
Как достичь долговременного счастливого супружества?
Индийская философия и религия (Indian Philosophy and Religion), ISBN: 1-4121-5211-9
Индийская философия помогает достичь цели в жизни.
Уроки от животных (Lessons from Animals), ISBN: 978-1-4092-8897-8

Ваша иммунная система серьёзно повреждена. Почему это не происходит у диких животных?

Естественная медицина (Natural Medicine), ISBN : 1-4121-4384-0

Что вам поможет, а что – нет.

Оксфордский университет (Oxford University), ISBN: 978-1-4092-9098-8

В этом мире только швейцарские университеты могут быть хуже. Почему важно это знать.

Люди без одежды (People with no Clothes), ISBN: 1-4121-5365-4

Почему Бангалоре, Индия, является местом, которое существовало 50.000 лет назад.
Сколько у них было детей?
Где сегодня люди без одежды?

Совершенствование своей сферы эмоциональной энергии (Perfecting Your Emotional Energy Sphere), ISBN: 1-4121-5164-3

Вам требуется справиться с корневой причиной, единственной эмоциональной болезнью, которая пагубно действует на вас.

Совершенствование своей сферы энергии любви (Perfecting Your Love Energy Sphere), ISBN: 1-4121-5169-4

Любовь необходимо искать. В эту эпоху она не падает с неба. Она требует и усилий, и времени.

Совершенствование своей сферы умственной энергии (Perfecting Your Mental Energy Sphere), ISBN: 1-4121-5165-1

Совершенный ум поглощает информацию, которая вам нужна, беспристрастно её анализирует и затем принимает решение.

Совершенствование своей сферы физической энергии (Perfecting Your Physical Energy Sphere), ISBN: 1-4121-5167-8

Является ли ваше тело сильным здоровым и находится ли в хорошей форме? Довольны ли вы состоянием своего тела?

Совершенствование своей сферы сексуальной энергии (Perfecting Your Sexual Energy Sphere), ISBN: 1-4121-5163-5

Вам требуется активная половая жизнь со своим супружеским партнёром. Какие шаги необходимо предпринять, чтобы достичь этого?

Поэмы и песни (Poems and Songs), ISBN : 978-1-4092-8885-5

Поэзия – это проза, которая звучит в рифму. Здесь несколько красивых поэм и песен.

Физика (Physics), ISBN: 978-1-4092-9114-5

Абсурд в современной физике. Настоящие законы физики.

Наука (Science), ISBN: 1-4121-5235-6

Новые отрасли науки, предназначенные помочь миру.

Шримад Бхагавад Гита и комментарий (Shrîmad Bhagavad Gîtå and Commentary), ISBN: 978-1-4092-8758-2

Забудьте о других переводах и комментариях. Этот перевод предназначен для вас.

Духовное и религиозное путешествие (Spiritual and Religious Journey), ISBN: 1-4121-5206-2

Все ваши энергетические сферы должны быть удовлетворены. Необходимо начать со своей сексуальной энергии.

Рассказы для детей (Stories for Children), ISBN: 978-1-4092-8990-6

Занимательные рассказы, которые заставляют забыть о телевизоре, компьютерах и других ужасах современности.

108 голов Господа Патанджали (The 108 Heads of Lord Patanjali), ISBN: 1-4121-5160-0

Пользуясь простой математической логикой, я показываю, что Йога-Сутры представляют собой ловушку для учёных.

Восемь священных писаний Индии (The Eight Sacred Texts of India), ISBN: 1-4121-5162-7

Я показываю, что писания были тщательно продуманы, чтобы впечатлить и воздействовать на персидских правителей Индии.

Шям Мехта, Центр Любящего Сердца
www.lovingheartcentre.net

История Мира (The History of the World), ISBN: 1-4121-5166-X

С самого начала Вселенной для всей её истории присутствует единственная причина.

Психология разума (The Psychology of the Mind) , ISBN: 978-1-4092-9042-1

Господин западный психолог, неужели основа моего разума подобна основе разума Ейнштейна или Сталина? Он не знает. В этой книге я представляю оригинальные идеи о том, как вы можете познать себя.

Западная философия (Western Philosophy), ISBN: 978-1-4092-9213-5

Я подытоживаю, что это такое.

Что следует знать мужчинам о христианских женщинах (What Men Should Know about Christian Women), ISBN: 978-1-4092-9207-4

Два типа женщин. Обоим типам женщин требуется любовь. Эта книга рассказывает, как любить женщину одного из этих типов.

Что делать со свиным гриппом и другое (What to do about Swine Flu and Other Matters), ISBN 978-1-4092-9077-3

У меня есть противоядие.

Обнажённая женщина (Women laid bare), ISBN: 978-1-4092-8960-9

Предназначение женщин. Их функциональность. Их композиция(и).

Йога (Yoga), ISBN: 978-1-4092-9144-2

Упражнения йогой, дыхательные упражнения и медитация несут много вредных эффектов.

Йога: по Айенгару, Часть II (Yoga: The Iyengar Way, Part II), ISBN: 978-1-4092-9089-6

Что такое позы, и когда их нужно принимать.

Вы сами и ваш ум (Your Self and Mind), ISBN: 1-4121-5208-9

Сегодня и сам человек и его ум работают неправильно. Я объясняю как можно помочь себе.

Шям Мехта, Центр Любящего Сердца
www.lovingheartcentre.net

Эти книги можно приобрести у большинства книготорговцев. Книги изданы на английском языке и готовятся к изданию на арабском, бенгальском, китайском, мандаринском, французском, немецком, итальянском, португальском, русском и испанском языках.

Многие из моих картин представлены на моём вэб-сайте: www.lovingheartcentre.net/MyPaintings.htm

Я написал также много статей для развития понимания экономики и финансов, среди которых:

«Экономика» («Economics»), которая разбивает саму основу всей западной экономической науки и предлагает вместо неё разумную теорию.

«Стоимость акции» («The Value of a Share»), которая объясняет, как можно оценить финансовые или другие средства и показывает, что это нельзя сделать, применяя современная науку о финансах.

«Цена раздраженности» (The Price of Annoyance»), которая объясняет, что происходит в окружающем вас мире.

«Справедливая стоимость пенсии» («Fair Value of a Pension»), которая показывает, сколько стоит ваша пенсия.

«Цена женщины» («The Price of a Woman»), которая поясняет, сколько им нужно платить за секс и отсутствие ссор.

Предисловие

Вы, Ваша внутренняя суть (известная также как дух или душа), это существо, которое выбирает хороший или плохой путь. Этот выбор поступает в Ваше сознание, и принятые решения руководят Вашим телом. Но только до тех пор, пока Бог не сочтет, что Вам следует поступать иначе. Каждые несколько секунд своей жизни Вы имеете возможность выбирать хороший или плохой путь.

Здоровое поле духовной энергии – это такое, когда Ваше тело и сознание действуют в соответствии с пятью законами этики, в индийской философии свод этих законов называется «Яма». Они таковы:

- Не вреди
- Не лги
- Не кради
- Воздерживайся от плотских утех
- Не принимай дары (помимо тех, которые необходимы для удовлетворения непосредственных нужд).

Нарушение законов этики свидетельствует о духовной болезни.

Ваша духовная дисциплина заключается просто в соблюдении принципов яма. Ваше духовное путешествие заключается в попытке объединиться со своей душой: самим собой.

Когда духовная жизнь человека твердо упрочилась в яма, он или она делает хороший выбор чаще, чем плохой.

Под «хорошим выбором» я подразумеваю тот, который приближает Вас к Богу, к свету и к счастью. Тогда Ваше тело и сознание выполняют свой религиозный долг «нияма», исходно состоящий в том, чтобы помогать другим.

Ваша религиозная дисциплина заключается просто в следовании нияма. Теперь в Вашем религиозном путешествии Бог притягивает Вас к себе.

Когда кто-нибудь стоит на пути к свету, это значит, что когда он будет умирать, его помыслы будут о Боге. Это похоже на то, как в давние времена мужчина (или женщина) всем сердцем любил свою жену (мужа), и, будучи при смерти, думал о ней, а не о себе и своих страхах.

Лучшее определение любви – это любите ли Вы кого-нибудь больше, чем себя, и думаете ли о любимом, будучи при смерти. Однако, если Вы находитесь на этом пути или стоите вне его, все не так просто. Существуют градации: любите ли Вы кого-нибудь лишь немного больше, чем себя, либо Вы любите его или ее гораздо больше, чем себя,

Некто с сильной негативной кармой не только не думает о Боге, будучи при смерти, но и после смерти остается в тисках душевных мук различной степени силы. Некто, думающий о Боге, вовсе не обязательно будет безмятежно счастлив после смерти. Одни личности могут быть ближе к Богу, другие – дальше от Него, и будут лишь немного счастливы. Жизнь справедлива.

Выше религиозное путешествие за жизненным опытом завершено. Без получения жизненного опыта Ваш прогресс или регресс прекращается. Вы будете осведомлены о своем прошлом. Поскольку каждый из нас нарушал принципы этики, такое знание будет источником печали. Утешением будет знание о Боге.

Шям Мехта
Центр Любящего Сердца
13 января 2006

Содержание

Введение

Различие между духовным и религиозным путешествием.

В духовном путешествии Вы занимаетесь поисками собственной души и достижением внутреннего покоя.

Религиозное путешествие имеет целью приблизиться к Богу.

Ваша душа (которая есть Вы) – это олицетворение божественной сущности. Она может все, что и ее дух, Бог. Таково определение божественности в индийской философии. Переход в божественное состояние может помочь Вам (самому себе) во всем, что бы ни потребовалось. Так происходит в соответствии с пожеланиями Бога. Тем не менее, чаще всего, Бог говорит: «Ладно, если это именно то, что ты хочешь сделать, - делай это». Он также знает, что Вам следовало бы захотеть сделать.

Хотя Вы божественны, имея Бога в себе, Вас попросту игнорируют. В Вас нет зла, нет зла и в этом мире, но у вас в наличии духовная болезнь. Следовательно, возникла надобность в духовном или религиозном путешествии.

Это превращает собственную заинтересованность в движущую силу, которая, в свою очередь, приводит личность к нарушению этических принципов. Нарушение же этих принципов приводит к неспособности отличать грешное от праведного.

В духовном путешествии Вы не ищете Бога. Вы не просите Его о помощи. Хотя Он продолжает помогать Вам многими способами в других отношениях, все же Он не поддерживает вас на этом пути. Ни один религиозный наставник не поможет Вам, и, следовательно, Вы должны полагаться только на себя.

В религиозном путешествии Вы стремитесь приблизиться к Богу. Поэтому справедливо, что в этом случае Бог помогает Вам всеми возможными способами. Если Ваше желание искренне, Вы преуспеете в достижении цели. Однако религиозный путь нелегок. Бог ускоряет Ваше продвижение, и в этот период Вы приобретаете гораздо больший опыт, чем любой другой человек.

Учитывая неправильные поступки в прошлом, каждому из нас предстоит перенести определенное количество страданий.

Время истекает. Кали Юнг завершается в 2050 году. Вероятно, Вы знаете, что многие люди предсказали приближение конца света. Вам следует сформировать собственное мнение относительно того, хотят ли 4 миллиарда человек еще больше автомобилей и предметов роскоши, с еще более устойчивым загрязнением окружающей среды.

Однако у Вас нет 45 лет, чтобы принять решение. Индийская философия указывает: то, что происходит во время смерти, определяет Вашу судьбу в будущей жизни. Начиная с 15 июля 2002 года, будущих жизней больше нет. Когда Вы умрете, Вы либо встретитесь с Богом, либо нет.

Процесс смерти

Процесс смерти – болезненный и мучительный. Вы боитесь того, что должно произойти дальше. В этой боли, Вы можете вскричать «О, Боже», но это вовсе не тот путь, который может привести Вас к Богу. Вы можете встретить Его с любовью, или не встретить вовсе.

Другая проблема связана с тем, что многие люди, умирая, пребывают без сознания. Они могут потерять сознание самопроизвольно, либо под воздействием лекарств. Если такое случится с Вами, то в момент смерти Вы не встретите Бога.

Это звучит жестоко. Но на самом деле все не настолько мрачно. Примерно 20 процентов проживающих в мире людей будут встречены Богом, когда умрут, в некоторых случаях, в течение грядущих 45 лет.

Главный для Вас вопрос: «Собираюсь ли я войти в число этих 20%»?

Теоретически, если вы один из тех, кто относится к 80 процентам людей, которым не суждено встретиться с Богом, эта книга Вам не нужна. Тем не менее, Вы неспособны предсказать будущее. Вы не знаете, какими будут Ваши взгляды через день или через 45 лет. Даже если Вы считаете себя плохом человеком и думаете, что грешны, и ничто Вас не спасет, могут возникнуть такие обстоятельства, которые изменят Вас. Кроме того, возможно, что Вы не так плохи, как вам кажется.

Эта книга предназначена для всего человечества.

Вхождение в контакт с Богом

Некоторые люди думают: «Мне следует войти в контакт с Богом, тогда я буду счастлив». Однако система действует не так. Ваше счастье зависит от того, сколько горя Вы принесли другим живым существам. Мы живем в справедливом мире, а не в несправедливом.

Единственная книга, в которой описана и духовная, и религиозная практика, это Йога Сутра мудрого Патанджали.

Мудрый Патанджали известен в Индии как Адишеша, божественная кобра. Входя в контакт с коброй, Вы должны знать, что Вам причинят боль. Кобра не различает друзей и врагов, хороших и плохих. Если Вы причинили кому-нибудь боль, в одной или более предыдущих жизнях, то Вам причинят боль.

Жестокие слова. Оглянитесь вокруг в сегодняшнем мире, и Вы увидите болезни, угасание, грязь и насилие. Вещи могут выглядеть красиво, но какой ущерб причинило их создание окружающей среде и живым существам? Все искусственное: обещания, улыбки, дома, пища и одежда.

Если Вы намереваетесь приблизиться к божественному, и в то же время причиняете зло живым существам, воруете, лжете и так далее, Вас укусят. Это неизбежно. Это закон кармы: причина и следствие. Если Вы делаете правильный выбор, Вы станете счастливым, если нет – Вы будете несчастны.

Бхакти

Если Вы служили человечеству изо всех сил, карма йога, и изучили то, что Вам необходимо знать, джнана йога, Вы ступили на путь бхакти.

Чтобы полюбить Бога, Вам необходимо стать самим собой. В процессе Ишвара Пранидхана, Вы научитесь подчиняться Богу, и сами по себе почти перестанете существовать. С этого момента, Вы будете делать все, что укажет Бог.

В конце концов, Вам необходимо обрести полный контроль над собой, так что Вы сами сможете процветать и любить Его.

Заглянуть в свое сердце

В действительности, Вам необходима осторожность. Иногда этот взгляд создает внутренний конфликт. Иногда Вы заглядываете в свое сердце и представляете себе всевозможные прекрасные вещи. Вы думаете, что поступаете хорошо, но на самом деле это не так.

У Вас есть возможность услышать голос, исходящий из Вашего сердца. Это Ваша душа. Обычно голос, который Вы слышите, это глас Бога. Вы должны выбрать, к чему Вы действительно стремитесь: к духовному или религиозному путешествию.

Ваше процветание

Когда Вы процветаете, что это значит?

Есть две стадии бхати.

Прежде, чем любовь в виде Бога войдет в Вашу душу, у Вас не должно остаться собственных желаний. Вы пребываете в мире и безмятежности.

Все обстоит так, как должно быть. Вы ощущаете отстраненность от мира, но находитесь в гармонии с ним.

При взгляде со стороны, Вы не изменились. Любой, кто сконцентрирован на материальном, не будет способен увидеть Ваше развитие.

Однако Ваша жизнь изменилась. В ней нет борьбы. Вы не гневаетесь. Вы делаете то, чего хочет от Вас Бог. Жизнь проста.

Ишвара Пранидхана – это борьба. Карма йога - это борьба. Джнана йога - это борьба. Человек привыкает к борьбе, к сопротивлению.

Если Вы занимаетесь карма или джнана йогой, Вы помогаете обществу. Когда Вы поможете ему настолько, насколько способны, Вы станете свободным.

Вы приобрели опыт, в котором нуждались. Вы достигли своих четырех жизненных целей. Вам больше не требуется дополнительных знаний.

В бхакти йоге Вы учитесь не бороться, а расслабляться. Когда Вы научитесь этому, наступает бхакти.

Первая стадия Вашего процветания – это когда Вы учитесь расслабляться.

Вторая стадия наступает, когда в Вас входит Бог.

Заключение

Чтобы обрести покой в Вашей жизни, следует удовлетворить все Ваши энергетические сферы, исключая только божественную. Вам необходимо начать со сферы сексуальной энергии, и постепенно обрести покой в каждой из сфер.

Именно покой более всего помогает нам приблизиться к Богу. В ином случае мы оказываемся слишком заняты для этого.

Для достижения немедленного счастья, Вам следует начать действовать постепенно, от Вашей наименее счастливой энергетической сферы. Общее количество счастья в Вашей жизни не изменится, следовательно, больше счастья сейчас означает, что позднее его будет меньше.

Для прогресса на религиозном пути, Вам не следует беспокоиться о состояниях Ваших энергетических сфер. Что Вам действительно необходимо, это следовать по пути крийя йога: тапас, свадхяйя и Ишвара Пранидхана. Основой для этого служит следование этическим принципам яма.

Перед введением себя в тапас, Вам необходимо пройти стадии саучa (очищение тела) и сантоша (удовлетворенность сознания).

Тапас можно приблизительно определить как развитие чистоты сознания, путем помощи хорошим людям в обретении счастья.

Свадхяйя означает обучение уменьшению и уничтожению Вашей гордости. «Свад» произносится «суад», и в Санскрите означает «глотать», и, исходя из английского слова «своллоу» (глотать) и хяйя получается английское слово Я.

Ишвара Пранидхана (означает отдачу своего тела, сознания и сердца Богу, или, если Вы – женщина, то – Вашему мужу. «Ишвара» означает почитаемое существо, «вара» происходит от английского слова «воршип» – поклонение, а Иш – исходное имя Бога).

«Пран» означает жизнь, «и» означает «Я», а «дана» означает «давать». Я свою жизнь с почтением отдаю Тебе.

В мире много путаницы в отношении духовности. На сайте Allspiritual.com приведены дюжины возможных трактовок. Там даже приведен вопрос: *«Препятствует ли наше эго нашему духовному прогрессу»?*

Ответ – нет. Развитие духовности, в отличие от религиозного пути, включает повышение Вашего эго.

Т. Джереми Ганн, член Консультативной Комиссии OSCE/ODIHR Экспертов по вопросам Свободы Веры или Вероисповедания, почетный член общества Религии и Прав человека при Университете Эмори, написал служебную записку на 183 страницах в журнал Прав Человека Гарвардского Университета, в котором объяснил, что он не способен дать определение религии.

Он утверждает, что два самых важных вида определений можно охарактеризовать как «классификация по сути» и «классификация, основанная на сравнении нескольких признаков».

Мой ответ заключается в том, что я и согласен с ним, и нет.

Глава 1: Ваше духовное путешествие

Сегодня все жаждут информации. Следует ли мне давать ее? Как Вы считаете? С утра до ночи, от рождения до смерти, вы собираете информацию.

Почти вся она бесполезна для духовной жизни. Вы не нуждаетесь в информации. Вся она есть внутри Вас. Вам необходимо слушать свою душу, существующую в Вашем сердце.

Если Вы – мальчик или девочка, Вам необходимо слушаться Ваших родителей, а они должны подготовить Вас к жизни таким образом, чтобы Вы стали самодостаточными. Тогда Вам не потребуется надзор. Вам не потребуются книги.

Цель данной книги, в отношении духовного путешествия, заключается в том, чтобы сделать Вас самодостаточным, если этому Вас не научили Ваши родители. Здесь Вам требуется прочитать только одну страничку. Она называется: «Конкретно, как мне начать мое духовное путешествие»?

В конечном счете, Вы не преуспеете в этом духовном путешествии. Вам придется решать, обратиться за помощью к Богу, или нет. В остальной части книги содержится информация для Вас, которая окажется полезной, если в какой-то момент Вы решите, что Вам нужна помощь.

Все, что Вы узнаете на духовном пути, не окажется напрасным. Жизнь – это опыт. Жизнь – это не достижение целей.

Мир таков, каким он должен быть

Иногда кажется, что мир не таков, каким он должен быть. Это неверно.

Все, что должно происходить правильно, происходит правильно. Все, что «должно происходить неправильно» или представляется неправильным, происходит так, как должно происходить.

«Неправильности» мира есть, в первую очередь, результат вмешательства. Нищета в Индии – это результат вмешательства Британии, извлекавшей в Индии материальные блага. Болезни в Африке – это, в первую очередь, результат влияния Британии на ситуацию в Африке.

Страдания и уничтожение индейцев Северной Америки и аборигенов Австралии – это результат вмешательства Британии.

Разрушение озонового слоя, уничтожение тропических лесов, полярных шапок и так далее, есть просто результат вмешательства в природу.

Вы можете исправить зло, причиненное Вашими предками. Способ сделать это уже не будет вмешательством. Сделать это можно только одним путем:

- Следуя этическим принципам «яма» философии йога.
- Следуя религиозным принципам «нияма» философии йога.

Закон кармы действует безупречно. Любые страдания, причиненные одному человеку другим, заслужены: личность, которая страдает, имеет запас негативной кармы, приобретенный в его или ее прежней жизни.

С другой стороны, у человека, который причиняет страдания, нет свободы выбора. Количество страданий, которые он или она перенесет, многократно превысит причиненную им боль.

Что означает, что мир таков, каким он должен быть? Это означает, что мир таков, каким он должен быть для Вас (и для каждого), исходя из Ваших плохих или хороших выборов в прежней жизни.

Глава 2: Путешествие к себе

Вы есть Ваш дух, Ваше естество, Ваша душа. Полезно выяснить, что Вы такое, и узнать подробности Вашего путешествия.

Ваш дух не сложен. У него нет сознания. У него нет рук, чтобы работать, и глаз, чтобы видеть.

Он постигает пять видов энергии, а именно, Ваши сексуальное, физическое, эмоциональное энергетические поля, поля энергии любви и духовности. С ними он ощущает радость жизни, смысл благоденствия, эмоции, любовь и смысл существования.

Эти энергии представляют собой физические, материальные энергии. Они оказывают единственное влияние на себя. Божественность, которая есть Бог, оказывает иное влияние на себя. Она избирает не божественное, и вырабатывает то, что в Индии называют «авидья», игнорирование божественного.

Пока Вы живы, он имеет тело. Это тело – Ваш бессознательный мозг. Именно через бессознательный мозг он учит Ваш сознательный мозг (сознание) и подсказывает ему хорошие ли плохие варианту выбора. Именно через бессознательный мозг он получает информацию от сознания.

Ваше сознание связано с Вашим телом через пять органов чувств и пять органов действия.

Для своего существования, Вашему духу не требуется никакая пища. Его тело, бессознательный мозг, нуждается для существования в пище и сахаре. Указанные выше пять энергий воздействуют на тело Вашего духа.

Эти энергии распространяются из бессознательного мозга, и развиваются, и питаются различными способами, которые я описал в моей серии книг «Совершенствование ваших энергетических сфер».

Бог общается непосредственно с Вашим духом. Кроме того, он общается непосредственно с Вашим сознанием (вкладывая в него мысли).

Ваш дух – сознательное существо, он располагает осведомленностью, ощущениями (счастья и печали), памятью, чувством этики и свободой выбора. Он обладает пониманием духовной ошибки.

Он, окрашенный всеми своими возбужденными или иными энергиями, делает хорошие или плохие выборы. После этого Ваше сознание осуществляет их, насколько может.

Во время смерти, его пять энергий втягиваются обратно в бессознательный мозг. Затем они покидают его. Тело духа, бессознательный мозг, тоже прекращает существование. Начиная с этого момента, дух не получает ни новой информации, ни нового опыта.

Он осознает свою память и помнит все, что произошло за его жизнь. Его радость жизни, чувство благоденствия, эмоциональность, любовь и смысл существования исчезают. Затем, после смерти, он счастлив или печален, в зависимости от отложившегося в памяти, и от того, служат ли сохраненные в памяти события основанием для счастья или печали, соответствуя этическим принципам или противореча им.

Если во время своей жизни он делал хорошие выборы, которые давали ему представление о божественном, он получает другой тип энергии: божественное блаженство. Божественное блаженство – это Ваше седьмое энергетическое поле.

Ладно, это все – академические рассуждения. Ваше естество может выбрать одно из двух путешествий. Это путешествие к Богу или от Него.

Глава 3: Психология естества

Недостаток общения с Богом приводит к авидье. Авидья означает недостаточное знание о божественном.

Исходная болезнь, влияющая на естество, это авидья. Ваши родители должны дать Вам знание о хорошем и плохом, чтобы в последствии Вас не постигли четыре из пяти бед, описанных в философии йога. Однако если допустить, что этого не произойдет, Вам грозит вторая болезнь.

За ней приходит третья, и так далее.

В юном возрасте, естеству недостает религиозных знаний: о различии между хорошим и плохим. В том и состоит первая обязанность родителей – научить, главным образом, на собственном примере. Естество знает, что оно существует, и, следовательно, развивается восприятие собственного «Я». В действительности, это чувство отдаленности, или одиночества.

Одиночество обуславливает печаль. У естества появляются тяга к знанию и стремление приобрести опыт. Не зная, что еще можно сделать, оно стремится к достижению этих двух целей. Оно надеется этим путем прийти к счастью.

Если родители не дали ему знания, оно стремится обрести их за счет ежедневной деятельности сознания.

Его стремление к знанию вынуждает его задавать вопросы, которые возникают в сознании как безмолвный звук: мысли.

Бог отвечает, во-первых, на вопрос, что такое хорошо, а, во-вторых, с какими из Ваших предпочтений или неприятий оно совместимо. Один из этих двух ответов будет услышан сознанием. Его восприятие собственного «Я», некая форма гордости, препятствует ему услышать первый из ответов.

Его желание обрести опыт выражается через пять энергий, сексуальную, физическую, эмоциональную, любовь и духовную.

Оно ощущает некоторое счастье. Оно получает от этого некоторые знания и верит, что это правда, даже когда это не так.

Затем у него возникает побуждение получить больше счастья. Мирское счастье создает желание и привязанность, третью из пяти болезней сознания.

Например, тело может испытывать боль. Это означает, что с Вашим телом не все в порядке, и оно находится в процессе исцеления. Боль сигнализирует Вам о необходимости быть осторожным. Этот сигнал подается сознанию в виде ощущения боли. Естество становится несчастным.

Следует цепочка действий, направленных на избавление от чувства печали. Естество задает вопрос: «Что мне делать»? При отсутствии контакта с божественным у естества возникает отвращение к обстоятельствам, обусловившим его печаль.

Его желания и привязанности записываются в хранилищах памяти, и проявляются как вторые молчаливые мысли, как вклад в сознание на протяжении жизни.

Пятая болезнь – это привязанность к жизни и страх смерти. Привязанность к жизни порождается третьей болезнью – желаниями и привязанностями. Страх смерти возникает из-за четвертой болезни – отвращения. Естество любит счастье и ненавидит печаль.

Оно знает, что если не будет счастливо, то погрузится в печаль. Оно хочет, чтобы счастье продолжалось. Естество знает, что смерть болезненна. Оно ненавидит боль. Следовательно, каждый из нас испытывает сильную привязанность к жизни и сильное отвращение к смерти.

Все болезни исчезают в присутствии Бога.

В своей книге «Совершенствование своей сферы сексуальной энергии» я изложил науку человеческих взаимодействий. Есть четыре силы, движущие естество в его взаимодействиях с другими. Эти четыре основных мотива заключаются в следующем:

- жадность
- заинтересованность в себе
- секс
- помощь другим

Каждый из этих четырех факторов действует постоянно. Даже когда Вы любите кого-нибудь всем сердцем, в дальнем уголке сознания, имеющегося у естества, присутствует слабый мотив жадности, что бы Вы ни делали.

Жадность, по сути, есть не что иное, как нарушение пятого принципа этики, яма. В своей книге я объяснил, что эти четыре фактора изменяются по силе воздействия в зависимости от дистанции до человека, с которым Вы взаимодействуете. Дистанция измеряется введенной мною мерой «проценты любви», степенью неприязни, равнодушия, привязанности или любви. Первые три мотива не имеют отношения только к Богу, поскольку дистанция до него равна нулю.

Глава 4: Как конкретно начать духовное путешествие?

Не имеет значения, начинаете Вы путешествие, находитесь на середине пути или завершаете его. Изложенные ниже советы – это не инструкции, они не объяснят Вам, что именно надо делать.

Когда Ваши дневные труды завершены, и Вы ощущаете усталость, зайдите в свою комнату и закройте дверь. Выключите телевизор и телефон. Не отвечайте на стук в дверь. Сядьте, займите удобное положение и расслабьтесь. Сидеть следует симметрично, не склоняясь в сторону. Держите тело прямо, опираясь спиной на спинку стула.

Закройте глаза. Забудьте обо всех вопросах. Забудьте о своей работе или проблемах. Освободите свой мозг. И ожидайте.

Проделывайте это каждый день по несколько минут перед отходом ко сну.

Сохранять мозг пустым труднее, чем кажется. Каждый может отключить мысли и иметь пустое сознание. Но это создает напряжение. Это препятствует духовному путешествию. Вам необходимо прожить Ваш день таким образом, чтобы все задачи, за которые Вы взялись, были решены.

Чтобы когда Вы приходите домой и спокойно садитесь, Вы были удовлетворены тем, что сделали все наилучшим образом. Если Вы завершили каждую задачу, которую Вам требовалось решить, мысли о них не будут Вас беспокоить.

Следовательно, Вам необходимо минимизировать Ваши дневные волнения. Если Вы пошли в кино, мысли о фильме рано или поздно появятся в Вашем сознании, поскольку в кинотеатре Вы находились в состоянии приема информации, а не ее обработки. Каждый опыт, который Бог дает Вам, будет всплывать либо при вашем пробуждении, либо во время сна, и может быть использован, чтобы помочь вам усовершенствовать ваш единственно важный дар: ваш выбор совершать хорошие или плохие поступки.

Однажды Бог может приказать вашей душе поговорить с естеством. Это может произойти сегодня. Это может никогда не произойти. Вы этого не знаете.

Кое-что можно сделать, чтобы побудить Бога помочь Вам.

В Вашей повседневной жизни придерживайтесь пяти принципов этики:

- не вреди ни одному живому существу
- правдивость. Как бы это ни ранило Вас, каким бы сокровенным ни был Ваш секрет, если возникает такая ситуация, говорите правду. Скрытность и правдивость не ходят рука об руку.
- не кради. Вам следует жить просто, и давать другим больше, чем Вы получаете. Вам следует давать природе больше, чем берете. Вы не должны пить больше, чем Вам необходимо. Вы не должны использовать больше бумаги, чем Вам абсолютно необходимо.
- безбрачие. Вам следует научиться никогда не думать о сексе ни с кем иным, кроме Вашей супруги. Если Вы не женаты, Вы можете заниматься сексом только с самим собой.
- не занимайся накопительством. Вы должны научиться не хранить ничего, в чем не нуждаетесь. Вам не нужен большой дом, или автомобиль, или холодильник.

Есть еще кое-что такое, что Вам следует делать:

- нужно ежедневно купаться и чистить зубы.

- старайтесь быть удовлетворенным, что бы ни случилось.
- максимально возможно посвящайте свое время, за исключением нескольких минут, которые когда Вы сидите и спокойно ожидаете, помощи хорошим людям в обретении счастья.

Духовный путь труден. Вы не получите никакой помощи. Однако Вам и не нужна никакая помощь. Вам требуется только быть спокойным и ждать. Из приведенного выше описания Вы можете видеть, что я не сторонник духовной активности, в отличие от религиозной, которой посвящена остальная часть этой книги. Сумеете ли Вы преуспеть в получении помощи от Бога в том, чтобы не думать о Нем, я не знаю.

Глава 5: Природа Бога

Бог – это сознательное существо.

Сознавая присущую любви красоту, Он создал мир таким, что Вы можете любить Его, а Он может любить Вас.

Чтобы любовь стала красивой, ее необходимо взращивать. Все переживания, которые Он дает Вам в вашей жизни, это возможности для Вашего развития.

Жизнь – не гонки и не поле боя. Вы не судимы. Ваша жизнь представляет для Вас:

- возможность помогать Богу, путем оказания помощи другим.

Он уже есть для Вас.

У Бога есть невидимая душа, и она присутствует повсюду. Она всем нам известна: любовь. Мы все испытали ее.

Как сущность, Его душа «неравномерна». Она существует в одних местах больше, чем в других. Его душа не есть нечто такое, что Вы могли бы собрать. Она там, где Он ее располагает. Вы можете войти в контакт с любовью, если Он этого пожелает. Количество любви, с которым Вы можете войти в контакт, тоже определяет Бог.

Тем не менее, Бог справедлив. Он не отдает предпочтения одному человеку перед другим. Христианин, индус или мусульманин имеют так много или так мало любви, сколько каждый из них заслужил.

Человеческие существа могут посвящать свое время помощи людям. В конечном счете, они испытают много любви. Птица интересуется только собой, и ей не дано испытать любовь.

Общее количество любви, которую Вам доведется испытать, Вам неизвестно. Любовь невидима. Только Богу ведомо, где

Он есть, и где Его нет. Даже если Вы в своей жизни испытываете истинную любовь, Он, может быть, уходит прочь.

Глава 6: Контакт с Богом

Рамануджа, в своей философии Висиштадваита, определил семь шагов, необходимых для достижения высшего блаженства бхати или любящих размышлений о Боге.

- Вивека, различие между хорошим и плохим.
- Вимока, сознательный отказ от желаний.
- Абхяса, тренировка по сохранению сознания в мире.
- Крия, выполнение социальных и моральных обязательств. Это означает совершение добродетельных деяний, вырабатывающих смирение и помогающих общественному строю. Эта стадия – вне человека.
- Каляна, применение добродетели. Он определяет это как правдивость, откровенность, сострадание, щедрость, неприятие насилия и алчности. Как и в философии йога, они называются яма. Этот шаг относится к внутреннему миру человека.
- Анавасада, жизнерадостность, отсутствие уныния.
- Ануддхарса, отсутствие эмоций ликования и восторга. На этой стадии человек становится сдержанным и подавленным. Отсутствуют внешние ощущения удовольствия. Человек концентрируется на том, что он должен делать, и делает это, без религиозного экстаза. Радость, которую Вы можете получать от Вашей религиозной практики, сдерживается до тех пор, пока Ваши обязанности не будут выполнены.

Ваша душа бесконечно мала по размеру, и она находится в задней части Вашего черепа. Бог имеет душу бесконечного размера. Процесс вхождения в контакт с Богом заключается в объединении энергии Вашей души с энергией Бога.

В жизни энергия Вашей души сконцентрирована в муладхара чакра (энергетический центр в нижней части Вашего позвоночника) и на несколько дюймов распространяется за пределы Вашего тела.

Бог входит в контакт с Вами, с душой, из сахашрара чакра на вершине Вашего черепа. Во время смерти Ваша энергия кундалини (духовная энергия) из муладхара чакра перемещается вверх и достигает Вашей души.

Если на протяжении Вашей жизни энергия Вашей души сливалась с энергией Бога, через контакт с ним, то Его энергия сопровождает энергию Вашей души, когда она возвращается к источнику, к душе. Это – мокша, высвобождение или союз с Богом и освобождение от контакта с материальными объектами.

Когда после смерти Вы пребываете в союзе с Ним, все воспоминания о прошлом и Ваше знание становятся неуместными. В сфере человеческого опыта, это эквивалентно Вашему объединению с супругой или супругом, которого Вы любите всем сердцем.

Чтобы энергия Вашей души имела возможность слиться с энергией Бога, она должна быть чистой. Чтобы она действительно слилась, Вы должны подчиниться Ему, «Ишвара Пранидхана». Слияние энергии сердца происходит в анахата чакра, в сердце. Он попросит Вас встретить Его там.

Начиная с этого момента, Ваша энергия кундалини сконцентрирована не в Вашей муладхара чакра, а в Вашей анахата чакра. Вы не сможете встретить Его, если кундалини предварительно не переместилась в Вашу душу.

С этой точки зрения, Ваше духовное путешествие имеет отношение к подъему Вашей энергии кундалини к Вашему духовному центру, душе, а Ваше религиозное путешествие есть встреча с Богом в Вашем сердце.

Бог есть любовь, а любовь случается в сердце.

В случае союза между двумя любящими, это естественно. Вы могли читать волшебные сказки о том, как прекрасна любовь. В Ваших примерно 1000 предыдущих жизнях Вы испытали истинную любовь около 700 раз. Вы знаете об этом все. У Вас естественное стремление к этому.

Поскольку Вы не соприкасаетесь с естеством, Ваше сознание одерживает победу, и Вы не занимаетесь активным поиском любви.

В случае союза между человеком и Богом, такого с Вами раньше не случалось. Вы не испытывали любви такого типа. Следовательно, для Вас неестественно заниматься активным поиском такой любви. Вы не знаете, на что это похоже, возможно ли это, и т. д.

Это Бог снабжает Вас такой склонностью к поиску и обнаружению Его. Когда Он дает Вам такое желание, поскольку Вы не испытывали такого союза, Вы так и не понимаете или не знаете, возможно ли это. Но поскольку Бог дал Вам эту склонность, Вы следуете ей. Вряд ли он дал бы Вам такую склонность, если бы Вы были обречены на неудачу. Между сейчас и тогда Вы находитесь в ожидании.

Тем временем, Вам необходимо преуспеть в делах жизни.

Глава 7: Ваши взаимоотношения с Богом

Важно знать, что то, как Вы воспринимаете Бога и Ваши взаимоотношения с Ним, не имеет значения.

Бог имеет душу, как Вы и я, и эту душу, которая есть любовь, трудно, а иногда просто понять. Однако его тело – везде, это все, что Вы можете видеть или слышать, оно включает все Ваши мысли, все Ваши чувства и Ваше естество.

На земле есть те, кто идут к Нему, и те, кто идут прочь. Вы должны изо всех сил помогать тем хорошим людям, которые идут к Нему, стать счастливыми. Главный вопрос заключается в благодарности.

Если некто, кого Вы знаете, просит Вас о помощи, Вы должны постараться и предоставить ее. Если этот человек испытывает благодарность, и вы сближаетесь, Вы должны продолжать помогать, если Вас просят и если этот человек нуждается в Вашей помощи.

Бог не нуждается в Вашей помощи. Его субъекты должны выигрывать от Вашей помощи.

Как Вы можете определить, должны ли Вы постараться изо всех сил подружиться и помочь кому-то? Вам следует расслабиться и провести несколько минут наедине с собой, размышляя о нем или о ней. Является ли он или она тем человеком, который старается помочь другим или нет?

Если Вы поступаете так, это значит, что Вы идете по пути света к Богу.

Глава 8: Уверенность

Успех в жизни делает человека уверенным. Сильный мальчик в школе будет уверен в своих способностях драчуна. Некто, обладающий силой, будет энергичным и уверенным в своей способности преуспеть. Другой человек, обладающий способностью хорошо слушать, будет уверен в своей способности помочь другому.

Некто с хорошими аналитическими навыками будет уверен в своей способности решить любую проблему.

Это те пять факторов, которые придают человеку уверенность. Они находятся в авидья, недостатке религиозного знания. Эта уверенность – ложная. Вы можете быть сильнее мальчика, с которым встретитесь, и, тем не менее, он победит. Например, он может ударить Вас точно в правильную точку, и этот удар нокаутирует Вас.

Только то, что Вы умеете хорошо слушать, не означает, что Вы знаете, что именно полезно для человека, которого Вы слушаете. И так далее.

То, что называется неуверенностью в себе, это либо (чаще) ошибка в оценке, либо истинный недостаток указанных пяти факторов.

Немногим людям действительно недостает уверенности в себе.

В Вашем духовном путешествии Вы обретаете недостаток уверенности в себе. Вы становитесь подавленным. Ожидание успеха, который, тем не менее, долго не приходит, постепенно убивает Вашу уверенность.

Если человек отправился в религиозное путешествие, то тогда Бог решает, сколько уверенности или недостатка ее будет лучше всего для Вас, чтобы Вы смогли прийти к Нему быстрее. Другими словами, Он сам даст Вам уверенность или недостаток уверенности в Нем точно в тот момент, когда Вы нуждаетесь в этом, чтобы ускорить продвижение к Нему.

Тепло

Иногда Ваши уши или ноги становятся горячими. Что это значит?

Ваши уши становятся горячими, если Вы делаете плохой выбор. Ваши ноги становятся горячими, если Вы делаете хороший выбор.

Иногда Вы так поглощены Вашей деятельностью, что оказываетесь слишком заняты, чтобы слушать Бога. В соответствующий момент Бог посылает Вам послание через эти две части Вашего тела.

Истинная уверенность приходит, с течением времени, когда Вы не нуждаетесь ни в каких посланиях. Вы находитесь в гармонии с окружающим миром. Нет хороших или плохих выборов, которые нужно делать. Если что-то происходит, Вы не препятствуете этому. Если что-то не случается, Вы допускаете, чтобы это не случалось.

Глава 9: Обучения дня

Каждый день Бог дает Вам новые ощущения. Некоторые из них даются так, что Вы получаете возможность лучше помогать другим стать счастливыми. Другие даются для того, чтобы помочь Вам стать счастливым в будущей жизни.

Для Вас было бы хорошо в конце каждого дня проводить несколько минут в размышлениях о том, чему Вы научились.

Главным образом, люди слишком заняты обдумыванием вопросов и своих пристрастных представлений, чтобы быть способными обучаться новому.

Таким образом, на протяжении дня Вам нужно сохранять свое сознание расслабленным, не занятым. Оживленное окружение в офисе не даст Вам возможностей извлекать уроки из Вашего опыта.

Когда Вы слушаете кого-нибудь и разговариваете с ними, это должен быть разговор о них, а не о том, что они прочитали и не об их взаимоотношениях с другими и т. п. Чтобы быть значимым, диалог должен быть персональным.

Слушать разговоры о том, что другие люди сказали им, что они прочитали, и т. д., это потеря времени.

Глава 10: Учителя

Когда Вы совершаете религиозное путешествие, Вам требуется помощь. Вам нужно много помощи. Итак, Вы получите много помощи. Фактически, вся Ваша жизнь, от начала до конца, будет спроектирована так, чтобы помочь Вам.

Каждое отдельное событие проектируется Богом так, чтобы привести Вас к Нему как можно быстрее. В то же время, Бог справедлив. Вы совершали плохие поступки в этой жизни или в предыдущей жизни, и, следовательно, страдаете за это так же, как и любой другой, совершавший плохие поступки.

Однако эти, возможно, неприятные ощущения время от времени будут иметь единственную цель: помочь Вам.

Каждый из нас имеет разные навыки и разные потребности. Я не могу сказать, какие специфические навыки и потребности имеются у Вас в Вашем путешествии. У всех они разные.

На протяжении многих лет Вы будете учиться. Часть этого времени Вы будете учиться у других: особенно, у духовных учителей.

Позвольте сначала объяснить предмет обучения в целом. Самое важное: Вам необходимо различать хорошее и плохое. Черное и белое. Люди будут говорить Вам, что существует и серое. Я утверждаю, что его не существует. Что-то может быть только хорошим или плохим.

Вам необходимо разобраться, что хорошо, а что – плохо, и следовать по хорошему пути. Это означает хорошо для Вас. Это не означает, что Вы скажете кому-нибудь еще, что хорошо для них, пока Вы не знаете, что Вы достаточно квалифицированны, и у Вас не попросят совета. И если они последуют Вашему совету или не последуют ему, это уже их дело.

Вам нужен острый ум. Вам нужна мудрость. Вам не требуется рассеивать Вашу энергию в бесполезных разговорах и на социальных собраниях. Вам нужно сконцентрироваться. Вам нужно выполнять Ваши обязанности, в первую очередь и прежде всего. Вам необходимо заботиться о Вашей семье, заботиться о своем здоровье и т. д.

Вы можете спросить: какое отношение это все имеет к обучению? Ваша способность обучаться зависит от способности отличать плохое от хорошего, поступать хорошо, не поступать плохо, использовать ваш мозг, выполнять ваши обязанности и не терять время даром.

Итак, духовные учителя. Вам может потребоваться единственный. Обратитесь к Богу. Если вам нужен единственный учитель, вы его получите. Однако в наши дни следует знать, что любовь к Богу – это не высший приоритет духовных учителей. Вам нужно выяснить у ваших духовных учителей, чему он или она может научить вас, и затем двигаться дальше.

Духовные учителя – это отнюдь не все, что вам требуется. Вам может понадобиться учитель танцев, или учитель йоги, или кто-нибудь, кто научит вас языку или рисованию. Вам потребуется учиться у этих учителей, а когда это обучение естественным образом прервется, двигаться дальше.

Вы можете отправиться на праздник и потерять адрес, или она может уйти в другую часть города. Так случается, что вы знаете, что пришло время переходить к следующему этапу обучения.

Вы должны рисковать. Допустим, вам бросилось в глаза объявление о местном танцевальном классе, и вы говорите себе: хорошо, я попробую это. Скорость ваших приключений увеличится, по мере приближения к Богу. Увеличится скорость, с которой вы воспринимаете науку ваших учителей.

Глава 11: Наука расслабляться

Расслабление и существование в присутствии Бога тесно связаны между собой. В такой день люди напряжены и, следовательно, находятся на расстоянии от Бога.

Есть произвольные и непроизвольные способы обучаться расслаблению, но вам следует помнить, что приближенность к Богу – самая важная вещь или решение в вашей жизни.

В этот день тоже, мы все хотим что-то делать, во что-то вмешиваться и добиваться, чтобы дела были сделаны. Все это создает напряжение. Если вы к чему-то стремитесь, вы, как правило, достигаете желаемого. Следовательно, напряжение нарастает. Вы отодвигаетесь от Него.

Один человек из пяти предназначен для приближения к Богу. Следовательно, этим людям нужно научиться расслабляться. Это можно сделать двумя способами – произвольно и непроизвольно.

Произвольный способ требует времени. Вам может понадобиться учитель, возможно, посещать занятия йогой и постепенно развивать эту склонность. Это непросто, поскольку в то же время, когда вы расслабляетесь, вы должны также выполнять свои обязанности. А обязанностей у вас в жизни очень много. Невыполнение обязанностей отдаляет вас от Бога. Следовательно, дорожка, по которой можно приблизиться к Богу, очень узка.

Независимо от того, произвольно или непроизвольно вы собираетесь расслабляться, ваша голова нуждается в расслаблении. Так часто, как сумеете вспоминать об этом, вам необходимо расслаблять особые зоны высокого напряжения:

- Верхняя часть мозга

- Желудок
- Гортань
- Участок между черепом и задней частью шеи

Расслабление непроизвольным способом приходит через боль. Если вы страдаете от боли, появляется склонность к напряжению. Через некоторое время человек решает отпустить себя, расслабиться. В зависимости от того, как долго длилась боль, вы вырабатываете склонность к распущенности и расслаблению, которая помогает вам в вашей жизни и тогда, когда боли нет.

Болеутоляющие препараты и т. п. уничтожают две цели, для достижения которых предназначена боль: сообщить вам, с какой частью тела следует обращаться осторожно, и объяснить вам, как нужно расслабляться.

Глава 12: Сон

Сон играет важную роль, как в духовном, так и в религиозном путешествии. Во время сна вы пребываете в контакте с вашей душой. Это духовное явление. Ваше сознание отдыхает.

В ваших сновидениях Бог дает вам опыт, в котором вы нуждаетесь, но который не можете обрести в бодрствующем состоянии. Бог дает вам знание, в котором вы нуждаетесь, но которое не можете обрести в бодрствующем состоянии, поскольку не находитесь в контакте с вашей душой или с Богом.

Сон имеет две другие цели:

- Дать вашему телу расслабление и исцеление.
- Позволить вашему сознанию расслабиться и исцелиться.

Тем не менее, самое главное, что следует знать о сне, это нарушается ваш сон или нет. Примерно 90% людей имеют одно или более из широкого многообразия расстройств сна. Что-то очень неправильное есть в вашей бодрствующей жизни, если это случается с вами.

Существуют две такие неправильности – либо вы не различаете правильное и неправильное, либо не тренируете силу воли, которая необходима, чтобы принимать правильные решения.

Вторая важная истина, которую вам следует знать о сне, это то, что не следует спать слишком много. Вы должны выполнять ваши обязанности, как описано дальше в этой книге, и не уклоняться от их исполнения из-за того, что слишком много спите. Кроме того, не следует спать и слишком мало, поскольку ваше тело и сознание в этом случае не могут успешно расслабляться и исцеляться.

Однако хронический недостаток сна представляет собой расстройство сна, как указано выше.

Глава 13: Праздники

Есть два типа праздников: те, которые мучительны, и те, которые нет.

Со вторым типом праздников вы все знакомы. Дети не могут идти в школу, поэтому вы вынуждены ехать к морю.

Первый тип – это когда вы больны, или что-нибудь себе повредили. Даже если вы больны, или что-нибудь себе повредили, вы чувствуете себя не слишком плохо, и все время полны надежд. Следовательно, это действительно праздник, но в маскарадных одеждах. Пожалуйста, не говорите об этом никому.

Праздник бывает даже тогда, когда вы делаете что-то такое, что хоть немного отличается от того, что происходит с вами в остальные 12 недель года (я живу в Украине).

Когда вы теряете своего ребенка, примерно после 15 лет, то вы становитесь на свои пути. Большую часть времени вы думаете о скучных вещах, и даже хуже – те же самые скучные вещи окружают вас большую часть времени. Вы все больше и больше погружаетесь в размышления об одних и тех же скучных вещах, у вас это получается все лучше, и вы думаете о них все время. В действительности, это не слишком полезно для вас при более широком взгляде на бытие.

Например, вам стало скучно. Вы не можете думать о чем-нибудь еще.

Вам необходим праздник – не вашему телу, а вашему сознанию. Если вам необходим праздник из-за неблагополучия с вашим телом, значит, произошло что-то очень плохое в течение вашего рабочего дня, и вам требуется устранить возможности того, чтобы такое случалось впредь. Например, раньше ложиться спать, или найти более легкую работу. Или делать меньше дел.

Поездка на берег моря будет, разумеется, скучной. Вы сидите на берегу, под губительными лучами солнца (губительными только потому, что озоновый слой продолжат разрушаться), и ничего не делаете целый день. Это не праздник, это – рутинная работа, которая называется «присматривать за детьми». У них – действительно праздник, а вы просто выполняете свою работу, ту же, что и всегда.

Праздник для сознания начинается тогда, когда оно занято чем-то иным, не тем, чем обычно. И это совсем не означает, что нужно ничего не делать на протяжении 16 часов, а затем восемь часов спать. Сознанию требуется делать что-то полезное, иначе оно становятся дряхлым. После 15 лет, например.

Итак, если вы на это способны, вам следует планировать свой праздник заблаговременно. Думайте о приятных, интересных делах, которыми вы любите заниматься, пусть эти мысли заполнят ваше сознание. Например, подумайте об изучении языка или рисования, чтении каких-нибудь книг и т. п.

Глава 14: Печаль

Каждый хочет быть счастливым. По этой причине, мы развиваем бурную деятельность, в которой нет необходимости, и, следовательно, воздвигаем препятствия на пути духовного и религиозного прогресса. Мы звоним друзьям и встречаемся с ними, ходим в кино, едим шоколад, покупаем более красивый костюм и т. д.

Общие количества счастья и печали в нашей жизни постоянны. Количество счастья зависит от положительной кармы в прошлой жизни, а количество печали – от негативной кармы. Все наши действия, направленные на то, чтобы стать счастливыми сейчас, приводят к тому, что у нас станет меньше счастья в будущем.

Аналогично, то, что вы делаете сегодня, чтобы облегчить печаль, обеспечит вам больше печали в дальнейшей жизни.

Если некто ступил на духовный путь, его будущее – в руках у него самого. Если вы избегаете счастья сейчас, вы увеличиваете его количество в дальнейшей жизни и, возможно, это отвлечет вас от вашего пути. В действительности, вы не знаете, что лучше всего.

Для религиозного адепта, достаточно просто слушать Бога, и делать то, что Он советует.

Счастье заставляет вас забыть о вашей цели, забыть о Боге. Оно привносит множество эмоциональных проблем. Вам следует предоставить Богу решать, по какому графику будет появляться в вашей жизни счастье.

Печаль помогает человеку помнить о Боге. Она помогает начать практику йога. Печаль в ранней юности – это хорошо для вас, она вырабатывает в вас твердую решимость стремиться к религиозному прогрессу, а не регрессу. Регресс – это хуже, чем вовсе не начинать. Только вы сами, в некоторые спокойные моменты, будете знать, насколько твердо ваше решение.

Основываясь на Его знании о вашей решимости, Бог составит для вас такой график появления печали, чтобы вы, вероятнее всего, выбрали путь к Нему.

Глава 15: Поклонение

В процессе вашей жизни вам необходимо делать выборы.

Вы можете сказать «Я хочу помогать людям», или «Я хочу вести духовную жизнь», или «Я хочу найти любовь», или «Я хочу любить Бога».

Все это важно. Однако важнее всего – это выбор, что вы хотите помогать людям.

Некоторые люди молятся своему личному божеству. Это может быть Кришна или Шива, или Патанджали, не имеет значения. Если вы выходец из другой культуры, вам следует знать, что до христианства все люди молились богу солнца, Суря и Божьей Матери, Амме.

Чтобы любить свое личное божество, вам необходимо читать о нем или о ней. Помогает, если у вас есть его или ее изображение – картина или статуя – и вы имеете возможность сидеть перед ним по утрам, затем, когда приходите вечером домой и перед сном.

Итак, традиционное чудо Индии после 500 лет до нашей эры. Были серьезные причины для того, чтобы поклонение личному божеству распространилось в Индии примерно в то же время, когда ее завоевали персы. Я описал эти причины в своей книге «Восемь Священных Цитат Индии».

Я не верю, что в современном мире поклонение личному божеству, или действительно поклонение Богу, приносит пользу.

- личное божество не существует
- создавая своих различных собственных личных богов в жизни, которую вам дал Бог, вы проводите ваше драгоценное время в размышлениях о чем-то несуществующем.

- Бог не нуждается в поклонении. Если бы Он желал вашего поклонения, Он поступил бы гораздо проще: придал бы нам специальную форму вроде Ганеша или любую другую, в которой мы могли бы действительно делать это, не воображая и не обращаясь к кому-то, в чьем существовании в нашем сознании мы никогда не уверены.

- Поклонение – это активность сознания. Рано или поздно, в вашем религиозном путешествии вам потребуется сконцентрироваться на вашем долге.

Что это значит, «Поклоняться Богу»? Когда вы были юны, ваши родители могли вам приказывать делать всяческие глупые дела. Поскольку вы были молоды, и, следовательно, глупы, вы делали глупые дела. Молились Санта Клаусу или Богу о серебряной монетке, на которую можно купить шоколадку или что-нибудь еще.

В школе вы стали дисциплинированным, если не делали глупостей. Итак, допустим, ваши родители приказали вам склониться и поклоняться Богу. Ладно, вы делаете это. Или они могут сказать «Делай это, но не вздумай улыбнуться в это время, потому что улыбаться – это плохо, если Бог может увидеть тебя, если Он существует». Ладно, вы не улыбаетесь. Индия – самое боготворимое место в мире.

Итак, я пошел в храм «Хари Кришна», и надеялся, что там я однажды научусь поклоняться Богу, поскольку моя мать никогда не учила меня, как это делать. Один пятилетний малыш делал некие танцевальные па. Однако там не было радости.

Допустим, ваш отец забыл упомянуть об этом, поскольку был занят более важными проблемами, чем существование Бога. Тогда вы об этом и не знаете: вы молоды и глупы, не забывайте об этом. Потом он говорит: «О, дорогой сын! Я забыл рассказать тебе о самом важном в жизни: о поклонении Богу»!

Что вы должны делать? Вы должны делать самое важное в жизни – подчиняться отцу. Слушайте его и буквально выполняйте его инструкции. В отношении любви к нему и прочего в этом роде, если вы способны на это – это хорошо, а если нет – то что можно с этим поделать? Если вы восхищаетесь отцом, это тоже хорошо, если он заслуживает этого.

Однако как можно восхищаться кем-то, кого вы никогда не видели – Богом? Есть очень простая причина, по которой вы и другие не видели Его: Он невидим.

Важная составляющая поклонения – восхищение. Можно задать вопрос двум детям. Один из них восхищается своим отцом, другой – нет. Спросим у них, поклоняются ли они своим отцам. Соответствие будет один к одному.

Если кто-нибудь говорит, что идет в храм или церковь поклоняться Богу, я не говорю ему, чтобы он не воспевал Его. Не говорю о том, что не следует становиться на колени и т. п. Не говорю и о том, что не нужно рассказывать, что идешь поклоняться Богу.

Однако что такие люди делают в действительности? Поют, выражают свою близость, становятся на колени и просят благосклонности. Большинство из них также искренне верит, что они должны это делать, а иначе – не получат желаемого. И они верят, что Бог существует. Потому что об этом им сказала мать.

Когда вы находите или если находите свою истинную любовь, вы не думаете о поклонении. Вы смотрите в глаза ему или ей и вы счастливы. Дети поклоняются Мужчины и женщины – любят. Пока не придет настоящая любовь, если она действительно придет, вы можете восхищаться своим партнером.

А затем вы поклоняетесь ему или ей. Ваше естество представляется вам маленьким по сравнению с его или ее, потому что вы так сильно восхищаетесь им или ею.

В религиозном путешествии, в конце концов, ваша душа сольется с душой вашего мужа или с душой Бога, а размеры ваших душ – одинаковы. Маленькие в одних случаях и большие – в других.

Подводя итог иначе, можно сказать, что если вы отправились в религиозное путешествие, вы желаете всем сердцем поклоняться Богу, но вы еще не дошли туда. Чем ближе вы подходите к цели вашей жизни, тем труднее становится путь.

Он всегда на шаг впереди вас, отдаленный, слабо различимый и т. д. Он занимает вас другими делами, более важными.

Глава 16: Препятствия на пути религиозного прогресса

Препятствие	Объяснение
Болезнь	Во время болезни ваш религиозный прогресс прекращается. Временно вы не можете помогать другим
Медлительность	Ваше сознание не хочет делать то, что необходимо для вашего религиозного прогресса. Вы помогаете другим медленно
Сомнение	Вы не уверены в том, что именно надо делать, чтобы помочь другим
Нерадивость	Вам не достает упорства, чтобы выполнять ваш долг – помогать людям.
Безделье	Более того, вы не только не хотите выполнять ваш долг (см. медлительность), вы и не выполняете его
Наслаждение	Ваше сознание распределено между желаниями насытиться едой, питьем, теплом или зрелищами и удовлетворить сексуальную тягу. Это не соответствует религиозной практике
Пребывание в иллюзиях	Ваше сознание не только не настроено на помощь другим, оно еще и не осознает, что в этом состоит ваша высшая жизненная цель
Недостаток упорства	Даже если в ходе вашей религиозной практики вы совершаете хорошие поступки, и вы знаете, что

	это ваш долг, вы не отдаете этому все свои силы. Т.е., даже если вы в состоянии помочь другим, вы этого не делаете
Неспособность сохранить достигнутый прогресс	Вы знаете, в чем состоит ваш долг, вы совершаете хорошие поступки, но Бог не хочет, чтобы вы приближались к Нему. Вы начинаете в юности, и вы не только полны добрых намерений, но и совершаете конкретные действия, а позднее вашу жизнь захватывает мирское, например. Или Он может ослабить ваш рассудок, или многими из бесчисленных способов воспрепятствует вам помогать другим

Глава 17: Как Не Встретиться с Богом

Существует много возможностей не встретиться с Богом. Я не могу перечислить их все. Здесь перечислены лишь некоторые из них, и можно надеяться, что другие такие способы вы способны определить самостоятельно:

- нарушайте принципы этики: ведите 'священные' войны, употребляйте мяса и т. п.
- называйте себя Папой римским, Свами, Йоги, Йогачаря, Шри, Рама и т. п.
- позволяйте своим последователям называть вас Папой римским, Свами, Йоги, Йогачаря, Шри, Рама и т. п.
- примите обет безбрачия
- проводите свою жизнь с закрытыми глазами и пребывая в святости.
- советуйте своим ученикам закрыть глаза и пребывать в святости.
- займите свое сознание философией
- учите других йоге и философии
- носите белые и желтые, либо охряные одежды
- проводите время, читая о Боге
- занимайтесь асанами йоги
- занимайтесь асанами йоги
- претендуйте на то, что вы – хороший человек

- восходите на трибуну и рассказывайте другим, что им следует быть хорошими
- выслушивайте исповеди и отпускайте людям грехи

Глава 18: Типы событий в Вашей Жизни

Ваша жизнь состоит из событий: то, что случается с вами. Кроме того, она состоит из поступков, которые вы совершаете. Это и есть две возможности в вашей жизни.

Эта глава посвящена тому, что с вами случается. Это события двух типов. События, необходимые для прогресса в вашей жизни на пути к Богу, и события, которые вы заслужили.

Оба типа окрашены вашими желаниями. Например, вы любите море и решили поехать в Нави, тогда события, которые с вами происходят, будут больше связаны с морем, чем с другими людьми.

Есть два типа людей: те, которые прогрессируют в жизни в направлении к Богу, и те, которые нет. Очевидно, что тем людям, которые прогрессируют в жизни в направлении к Богу, необходимо, чтобы события, которые с ними происходят, способствовали этому прогрессу. И поскольку они нуждаются именно в этом, именно это Бог им и дает.

Те люди, которые не заинтересованы в прогрессе на пути к Богу, не нуждаются в событиях, которые способствовали бы этому прогрессу. Такие события были бы для них потерей времени. Следовательно, они и не случаются.

Следовательно, можно сделать вывод, что в жизни каждого человека происходят именно те события, которых он заслуживает. И что в жизни некоторых людей происходят также те события, в которых они нуждаются, чтобы прогрессировать на пути к Богу. Это и есть классификация событий.

Прекрасно то, что если вы стремитесь прогрессировать на пути к Богу, Он будет помогать вам. В отношении же Его помощи, прекрасно то, что Он никогда не ошибается. Если Бог помогает вам что-нибудь сделать, то вы сделаете это, и будете преуспевать.

Если вы думаете о том, что случилось с компьютером, и почему чем больше данных вы в него вводите, тем больше возникает ошибок, то обратите внимание: если у вас 50 иконок на рабочем столе, его работа тормозится. Большую часть времени он потрескивает.

Если у вас открыт большой документ в редакторе Word или большая крупноформатная таблица, компьютеру это не нравится. Либо его работа затормозится, либо он зависнет, рано или поздно. То же происходит и с вашим мозгом.

Рассмотрим это подробнее. Существование пути к Богу открывает возможности поступать хорошо чаще, чем плохо. Вам дано много возможностей. Фактически, более или менее постоянный их поток проходит через всю вашу жизнь. В среднем, одна возможность в минуту.

Это заменяет огромное количество информационных точек. Ваш мозг окажется загроможденным, скорее рано, чем поздно. Он не разрушается и не тормозится, поскольку в ситуацию вмешивается Бог. Информационные точки – это воспоминания.

Эти воспоминания исчезают из вашего осознанного сознания очень быстро, так что ваше сознание и ваш мозг могут оставаться чистыми. Воспоминания остаются в ваших бессознательных банках памяти.

Теперь давайте взглянем на события другого типа: те, которых вы заслуживаете. В прошлом вы совершали хорошие и плохие поступки. В соответствии с индийским законом кармы, с вами случатся, соответственно, счастливые и несчастливые события.

Когда я говорю ‘совершали поступки’, это то же самое, что делали выбор: хороший или плохой. Именно на выборы я ссылался в предыдущем параграфе. Поэтому не только сами по себе возможности состоят из информационных точек, но и события, которые случаются с вами в результате, тоже состоят из информационных точек.

Воспоминания. Если вы движетесь по пути к Богу, второстепенные события незначимы для вас. Допустим, вы делали что-то плохое, скажем так, в вашей предыдущей жизни, и страдаете за это сегодня. Однако это не имеет отношения к вашей жизненной цели и к трудной задаче Бога – помочь вам двигаться к Нему. Те поступки – история. Следовательно, каждый миг, опять и опять они исчезают из ваших сознательных и подсознательных банков памяти.

Если вы действительно хотите помнить о чем-то плохом, что вы сделали, и о последствиях, которые это АВМ принесло, следует это записать, допуская, что вы движетесь по пути к Богу. Но даже в этом случае, вы не сможете взять это с собой, когда умрете.

Глава 19: Асана, Ритуалы Йога

Я обсудил яма (этику) и нияма (религиозные ритуалы) и их роль в духовной и религиозной практике. Третий круг йога, как описано в Ритуалах Йога мудрым Патанджали, это – асана.

Асана – это любое неподвижное положение, в котором вы сконцентрированы на божественном. До того, как вы утвердитесь в яма, вы не способны сконцентрироваться на вашей душе или на Боге.

Йога – это религиозный предмет. В моей книге 'Йога' я обсудил некоторые из очень могучих враждебных событий, которые происходят с вами, если вы практикуете Йога, не пребывая на религиозном пути.

Как обсуждалось ранее в этой книге, Патанджали известен как божественная кобра. С моей точки зрения, вам неправильно советовали использовать Его работу, вместо того, чтобы помочь вам в вашей божественной миссии. Например, если вам дано знание о целях асана, любая попытка выполнять асана и в то же время нарушать этические принципы обязательно причинит вам вред.

'Учитель Йога', который намеревается учить Йога, если он этого не хочет, попадает в беду. Не важно, происходит это через асана или пранаяма, или другую практику. Каждый из нас может из любой точки направиться по религиозному пути. На наше сознание влияет то, что мы слышим и можем видеть. Учитель находится в той позиции, в которой может оказывать влияние.

Он или она может влиять на кого-то в неправильном направлении, утверждая, что следует делать что-то такое, чего он и она сами не делают. Разумеется, просто называть состояние 'асана' не является неправильным, это просто вопрос определения.

Далее нам необходимо рассмотреть соответствующие роли асана и упражнения йога.

Асана

Каждое из упражнений йога, из 57, описанных в моей книге '108 Голов Лорда Патанджали', приносит множественные преимущества телу и сознанию. Если они выполняются с вниманием к Богу, это поможет вам многими способами. Список преимуществ слишком долог, чтобы их перечислять.

Упражнения Йога

Если асана не выполняется так, как предписано, Бог вынудит вас остановиться. Вам станет скучно, или вы получите травму, или обратитесь к учителю, который вам не нравится.

Лечение

Когда вы слушаете Бога, Он может научить вас упражнениям Йога, чтобы помочь преодолеть специфические трудности или нездоровье. Он не нуждается в учителе 'Йога', который помог бы Ему учить вас.

Глава 20: Дыхательные Упражнения и Медитация

Мудрый Сватмарам назвал пранаяма, дыхательные упражнения йога 'прирученный лев'. В моей книге 'Йога' я более подробно объяснил эффекты приручения льва.

Дхяна – это медитация йога. Я подробно описал пагубные последствия медитации в моей книге 'Йога'.

Глава 21: Ваше желание или Его?

На протяжении столетий и тысячелетий находились многие люди, которые поклонялись Богу. Они думают о Нем и впадают в экстаз. Или, они думают о Нем и советуют другим поклоняться Ему. Или, они думают о Нем и думают о Нем и думают о Нем, и больше – ничего.

Это три категории мыслителей и искренних поклонников.

Остальные идут в воскресенье в школу и затем повторяют это, с одеванием нарядных одежд воскресным утром, каждый месяц. Некоторые наряжаются ежедневно.

По моему мнению, это вовсе не то, чего Он желает.

Во-первых, просто то, что вы хотите чего-то, например, думать о Боге, не значит, что Он тоже этого хочет.

Во-вторых, любовь не есть мыслительная деятельность.

В третьих, впадать в экстаз – глупо.

В четвертых, советовать другим поклоняться Ему – это не ваша забота. Это – его.

В пятых, думать и думать – это не полезная деятельность.

В шестых, когда вы думаете, вы прекращаете слушать.

Если вы хотите приблизиться к Богу, вам следует заняться некоторыми вещами. Главная из них - слушать. Если Он желает приблизить вас к себе, Он может сказать вам, что следует делать.

Допустим, у вас есть далекая, но прекрасная, умная и достигшая брачного возраста персона, на которой вы хотите жениться. Вы думаете о ней (будем считать, что речь идет о мужчине) все время и часто впадаете в экстаз. Выйдет ли она за вас замуж? Нет. Она будет знать, что вы глупы.

Или допустим, что вы бродите по улицам и рассказываете каждому встречному, что они должны любить ее. Решится ли она выйти за вас замуж? Нет.

Или вы просто думаете о ней. Однажды, когда у вас возникнет 'сложная проблема', проведите некоторое время в размышлении об этом. Впоследствии, постарайтесь вспомнить, слышали ли вы что-нибудь в это время.

Вы не можете думать и слушать одновременно. Если ваша возлюбленная действительно умна, она знает об этом. Она не выйдет за вас замуж, если вы думаете о ней все время.

Далее, выйдет ли она за вас замуж, если все, что вы делали – это слушали ее? Нет. Допустим, что она красива. Она может хотеть от вас другого, например, чтобы вы заботились о ее родителях и ходили на работу.

Чаще всего она хочет вас потому, что ей нужна другая пара красивых туфелек. То, что вы все время слушаете ее, находится в самом конце ее списка приоритетов. Она хочет, чтобы вы слушали ее в то время, когда она рассказывает вам, что она хочет делать. А затем она хочет, чтобы вы шли и делали то, что она пожелала.

Когда вы выполнили работу и заработали деньги, которые она хочет истратить, она будет счастлива, если вы слушаете ее.

В случае с Богом, все несколько иначе, но особой разницы нет. Если Он этого хочет, Он может давать вам добрые советы 24 часа в сутки. Он может говорить вам, на какое электронное письмо отвечать следующим, если пожелает.

Все зависит от Него. Как и каждый нормальный человек, вы обязаны выполнять свой жизненный долг, сводить к минимуму бесполезную деятельность, быть счастливым и делать то, что вам приятно, и постепенно, с течением времени, прислушиваться к Нему больше и больше, чтобы услышать Его, если и когда Он даст вам знать, чего Он от вас хочет.

От вас требуется также не совершать поступков, которые вы не должны совершать: нарушать принципы этики.

В этом мире есть только одна ответственная персона – Он. Только Его желания имеют значение, отнюдь не ваши.

Глава 22: Выполнение Своего Долга

Итак, пришло время ложиться спать. Вы зеваете. Вам надо рано встать следующим утром. Что же вам следует делать? Ложиться в кровать? Нет.

У людей в наше время память – как решето. Каждый человек думает, что у него прекрасная память. Для этого мнения есть простая причина. Дело в том, что вы не можете помнить о вещах, о которых вы забыли. Каждый считает, что его память хороша, по определению.

Итак, когда Бог подает вам идею, вам нужно срочно работать над ней. Иначе, Он заставит вас забыть о ней. И вы не будете помнить, что забыли о ней.

Однако это не так просто. Вам следует желать, чтобы вам подали хорошие идеи.

Иначе Бог подаст вам идею, что вам нужно пойти в кинотеатр 'A', и в кинотеатр 'B', и в кинотеатр 'C', и вы проведете весь день, просматривая кинофильмы. В принципе, звучит это действительно неплохо. Но, при этом, вы не выполняете свои обязанности. Вы будете делать то, что Бог говорит вам. Не всегда хорошая идея.

Итак, в вашей жизни вы должны быть прямым и великодушным, и вести себя таким образом, чтобы Бог подавал вам хорошие, а не глупые идеи.

А затем, если и когда Он подаст вам хорошие идеи, вам необходимо будет учитывать их и действовать соответственно. Иначе Он не обеспокоится тем, чтобы опять подать вам хорошие идеи. Он по-прежнему будет подавать вам достаточно идей, чтобы вы были заняты, но баланс между хорошими и плохими идеями изменится.

Ваш долг имеет две стороны:

- действовать таким образом, чтобы Бог решил подавать вам хорошие идеи.
- действовать в соответствии с хорошими идеями, которые подает вам Бог

Эта обязанность очень проста. Выполнение вашего долга – еще проще.

Вам необходимо полностью игнорировать плохие идеи, которые подает вам Бог. Просто делайте вид, что Он их вам не подавал! Не слушайте Его советов по этому единственному поводу.

Вам необходимо спросить себя: есть ли что-то, что я должен был сделать сегодня, но не сделал? Каждый день Бог подпет вам новые идеи о том, что вам следует делать. Он делает так, чтобы вы были заняты. Однако мы не слушаем.

Мы забыли (да, да, я помню, я говорил об этом раньше). Итак, перед тем, как лечь в кровать, необходимо, по крайней мере, спросить себя, была ли какая-нибудь идея, которая у меня возникла, но я над ней не работал?

Глава 23: Религиозный Долг по отношению к Ребенку

Иногда кажется, что худшие люди в мире – это знаменитые личности, например – Гитлер, Сталин, Мао Цзэдун или Чингисхан. Это не так. Быть знаменитым – это не конец истории, даже если некоторые актрисы верят в это.

У каждого из этих ужасных людей были плохие родители. Когда человек в возрасте 40 лет или любом другом становится сумасшедшим и совершает чудовищные поступки, это не то, что случается ежедневно.

У него есть история. Его сумасшествие развивалось в годы, когда он формировался, до 15 лет. Если бы его растили по иному, другие родители, он бы не стал сумасшедшим.

Отец передает ему часть, около 90%, своего собственного сумасшествия. Сумасшествие в современном мире скрыто за хорошими манерами, эгоизмом и словами, которые не соответствуют мыслям.

На женщине, если она носит мальчика, лежит большая ответственность: если она знает, что ее муж – сумасшедший, она должна оставить его.

Если вы хотите иметь ребенка, ‘это’ не должно произойти случайно. Далее, вы должны иметь ребенка, рожденного в любви. В наше время нет пар, которые жили бы в любви.

Вы можете иметь ребенка, если вы твердо знаете, а не просто предполагаете, что ваш брак продлится, по крайней мере, следующие пятнадцать лет. Именно такое время потребуется вам и вашему мужу, чтобы воспитать дитя. В наше время такие браки не существуют.

Эгоизм – единственная движущая сила, которая привносит в мир сумасшествие. Отец Гитлера был эгоистом.

Он передал эту черту своему сыну, и, благодаря врожденным хорошим качествам Гитлера (эти качества я описал в моей книге 'Йога'), он оказался способен умножить свой – полученный от отца – эгоизм и направить его развитие таким образом, что это привело к эффектам, о которых мы только слышали.

Вопрос, который задают люди, звучит так: 'хотите ли вы ребенка?' С эгоистической точки зрения, это вполне подходящий вопрос. С религиозной же – вовсе нет.

Да, детей надо хотеть, они не должны появляться случайно. Однако прежде чем что-нибудь делать, вам нужно этому научиться. Кроме того, вам необходимо знать, чего делать не следует. Фактически, знание, чего именно не следует делать, важнее знания о том, что нужно делать. В философии Йога, в индийской философии, родители должны учить ребенка и учиться сами основам этики: чего не следует делать. Это – первый принцип Йога.

От природы дети не эгоистичны. Они дают вам игрушки, они делятся с вами, и им нравится так поступать. Единственное и самое главное, чему родители не должны учить детей – это эгоизм.

Это должно быть просто. Нужно всего лишь не учить ребенка этому конкретному предмету.

Ребенок узнает от родителей важные вещи, а о менее важных и просто ненужных вещах его просвещают другие люди и школа. Современная школа вовсе не так плоха, как кажется, по крайней мере, судя по последствиям. За все, что есть плохого в мире, ответственны родители.

Сам по себе факт, что человек идет в школу, затем в университет, и, следовательно, не учится ничему полезному, вовсе не означает, что он будет плохим. С точки зрения религиозного пути, самое важное – не учить вашего ребенка быть плохим. По сравнению с этим, все остальное, чем вы можете навредить или помочь своему ребенку, фактически, не имеет значения.

Другое, что крайне важно помнить, если вы решили, что хотите иметь ребенка, и состоите в браке современного типа, что это такой брак, который может развалиться в любой момент, и может оказаться, что ребенок будет жить без отца.

Если речь идет о мальчике, то он начинает нуждаться в отце с 7 лет. До этого возраста он может печалиться, но это не имеет особого значения. Счастье и печаль, по индийскому закону карма, закону причины и следствия, зависят от ваших хороших и плохих поступков в ваших прежних жизнях.

Следовательно, если вы опечалили мальчика, это приведет всего лишь к тому, что у него будет меньше печали в последующей жизни. Вы действуете ему на благо (но вредите себе)! Самое главное, таким образом, заключается в том, что мальчик нуждается в вас по одной весьма простой причине: требуется, чтобы вы научили его, как стать мужчиной. Качества, присущие мужчине, это то, чему мальчика может научить только отец – никто другой на это не способен. Он не научится этому в школе.

Его мать может научить его тому, как стать женщиной. И, разумеется, в наши дни, когда мужчины сосредоточены, главным образом, на работе, поскольку дома происходит слишком много ссор, некоторые матери принимают на себя заботу о том, чтобы научить своих мальчиков стать женщинами.

К счастью, в школе нет предмета, посвященного тому, что есть мужчина и что есть женщина, в ином случае, мир мог бы быть еще худшим местом, чем сейчас.

По моему мнению, достаточно будет сказать, что есть единственная действительно важная вещь, которую мальчику необходимо узнать. Все остальное – вроде холодильников, или детей, или еще одной машины, это – то, что ‘приятно иметь’, но – не необходимо.

Кто-то может сказать, что отцы есть, что их цель существования, так сказать, не настолько важна, как возможность для женщины получить новое платье. Это научить мальчика, как быть мужчиной.

Девочки, конечно, другие, или, по крайней мере, были другими 50 лет назад. То, что утрачено в наши дни, это матери, которые заботятся о них в достаточной мере, чтобы хотеть их, а не избавиться от них, хотеть, чтобы они были рядом так долго, как это возможно, тем не менее, хотелось бы, чтобы такие матери были.

Разумеется, девочку, которой недостает материнской заботы, которую отправляют в школу и учат бесполезным вещам (в каком году состоялась битва при Гастингсе и т. п.) сознает, что для того, чтобы преуспеть в жизни, ей необходимо перенять стиль жизни матери. Даже мальчики в наше время делают то же самое.

Чувствуя явную враждебность со стороны родителей, быстро начинают занимать себя компьютерными играми, пытаясь убить взрослых. Девочки более чувствительны, и терпеливо ждут своей свадьбы, прежде чем пытаться разрушить мир.

Одинокая мать, и все родители, одинокие в современном мире, учат девочку, как стать эгоистичной. Делать то, что ей следует делать, чтобы преуспеть в жизни. В прежние дни, девочка была управляемой. Ее врожденные плохие качества преодолевались, когда она видела, насколько хорошим был ее отец.

Итак, с 7 и до 15 лет, девочка, хотя и хочет быть плохой, также хочет и быть приятной для своего отца, если он – мужчина. Мужчины – приятны. Если мужчину посылают на работу его женщины, никто не остановит развитие ужасных качеств, которыми проникается девочка.

Мать, разумеется, неспособна контролировать ее. Поэтому девочка перенимает плохие качества матери, не пытается перенимать хорошие качества отца, и круговорот плохого в мире продолжается бесконечно.

Вместо того чтобы видеть, как живет любящая пара, девочка сознает, что она должна быть жесткой, и что ей необходимо быть мальчиком. Если бы она видела свою мать счастливой и любящей, она бы инстинктивно знала, что хочет того же для себя.

Не видя этого, но, видя, что мать несчастлива, как и все матери сегодня, она не учится, как строить счастье, зато она учится, как сеять разрушение. Она любит свою маму, и ей не нравится видеть ее несчастной. Впоследствии, она навсегда свяжет это с каждым из мужчин, которые ей встретятся в жизни.

В моей книге 'Совершенствование своей сферы сексуальной энергии' я обсуждаю современные стремления мальчиков стать похожими на девочек и девочек – быть похожими на мальчиков, и вопрос о том, почему это не помогает их энергетической сфере.

Как бы там ни было, ваш религиозный долг – если у вас есть дети – заключается не в том, чтобы присоединиться к ним, а в том, чтобы так или иначе убедить девочку стать женщиной, а вашего глупого мальчика – превратиться в мужчину.

Это тяжелый удар для 15-летнего человека. Если вы не родились 60 или более лет назад, когда, разумеется, все было действительно прекрасно. С современными детьми, вы обычно теряете сон, волосы, деньги и так далее. Вам необходимо заглядывать вперед, в тот день, когда они не будут больше с вами.

Глава 24: Обязанности продолжаются

Углубляясь в роль матери, я теперь расскажу о том, что вам делать не позволено.

Как я объяснил в последней Главе, не имея детей, гораздо проще начать работать с первым принципом Йога, 'яма', и описал, что именно вы должны делать скорее, чем не делать. Этот список будет очень коротким. Например, 'слушать Бога и делать то, что Он говорит, как бы ни хотелось поступать иначе'.

Помимо детей, есть целый список того, за что хотелось бы порицать людей:

- Употребление избыточных количеств шоколада. Я предпочитаю это для себя.

Индийская религия и Христианство – не одно и то же.

Ладно, отложим в сторону эти два списка, я хочу также напомнить вам о концепции 'советовать взрослым', причем здесь ваши обязанность сильно зависят от того, кто вы – мужчина, мальчик, женщина или девочка (именно в таком порядке). С точки зрения большинства людей, очевидно, что мальчики и девочки обязаны делать то, что им говорят папы и мамы. Мужчина ведет себя плохо, так же обстоит дело и со всем, что он говорит.

Итак, давайте я объясню женщинам их обязанности:

- Будьте счастливы и удовлетворенны, насколько это возможно.
- Прилежно выполняйте свои ежедневные обязанности.

- Заводите дружбу с хорошими мужчинами и женщинами, которые живут по соседству (одинокой женщине) или с приятными женщинами (замужней женщине).
- Если у вас есть муж, проводите с ним так много времени, как возможно, радуйте вас обоих, делая его счастливым, рассказывая ему личные вещи о себе, о нем, о людях, которых вы знаете. Делайте вместе приятные вещи, которые радуют вас обоих.
- Если у вас есть ребенок, обращайтесь с ним так же, как я советовал обращаться с мужем, за исключением вы знаете, чего. Девочки, конечно, другие, и вы должны ругать их как можно больше.
- Откажитесь от всех дел, в которых вы не нуждаетесь: занятия Йога, парикмахерская и т. п., по мере того, как растет ваша удовлетворенность.
- Избегайте переедания, чтобы не растолстеть.
- Спите так мало, как только возможно, если вы не больны.
- Безотносительно к материальному состоянию, имейте сексуальную активность (в отличие от секса) один раз в день.
- Основывайте свою диету на молоке и йогуртах, если это возможно, с небольшим содержанием сахара.
- Отбросьте натянутость, стрессы, беспокойство и споры.
- Избегайте отдыха и расслабления, за исключением нескольких минут в день.
- Не слушайте много музыки, не смотрите слишком много телевизор и так далее, а думайте о вашем муже и пока вы работаете.

- Если вы не замужем, активно присматривайтесь к мальчикам или мужчинам, в соответствии с вашими вкусами.
- Поддерживайте свою осанку (например, не следует горбиться), и ежедневно медленно прогуливайтесь около 30 минут, вместе с вашей семьей или друзьями.
- Если у вас есть эмоциональные проблемы, разберитесь в них.

Глава 25: Беспокойство

Каждый из вас замечает, что в жизни не все идет хорошо. Точнее, что жизнь состоит из одной маленькой неприятности, за которой следует более серьезная беда. Иногда даже англичане это ощущают, и английская пословица гласит: 'жизнь ниспослана, чтобы испытать нас'.

Разумеется, если вы замужем, вы знаете о жизни все. Дети и мужья, которые – вы знаете это своим сердцем – ниспосланы, чтобы испытать вас. Это потому, что вы во всем виноваты, как они будут объяснять вам каждый день.

Нападение – это единственная форма защиты, и вы, если вам нашептывают приторную чушь, в ответ, вероятно, скажете: 'И они, и вы – ошибка ваших родителей. Если это было не для них, ничего из этого и так далее'.

Во всем этом вы правы. Каждый вдох, который вы делаете в Индии, называется 'прана', сила жизни. Действительно, он ниспослан вам, но не родственниками, а Богом. Единственный, кого вы можете винить – это Бог. Он создал и это, и их.

Определение виновного, хотя и уменьшает напряженность, решает, тем не менее, только часть проблемы.

Единственное, действительно удовлетворительное, решение, с приходом дня и с уходом дня, это что беспокойство, ниспосланное, чтобы испытать нас, 'приносит нам добро, когда мы его получаем'. Вам необходимо перевести эти слова в поэтическую форму. Жизнь дана для веселья и счастья. Я не женат, и у меня нет детей, поэтому я вместо этого вызываю ответное чувство у других. Есть два примера того, что делать:

"Дорогой XX,

Я никогда не имела дела с судом. Как вы узнали мой адрес? Я никогда не давала вам мой адрес. Вы должны были дать им неправильный адрес. Пожалуйста, срочно исправьте вашу ошибку.

Я не хочу получать письма от вас на мой домашний адрес, однако если в ваших интересах иметь дело с судом, я предоставлю вам такую возможность, и вы можете обратиться к суду для уточнения подробностей.

Большое спасибо за ваше юридическое участие в этом деле:

Все мероприятия проводятся по адресу ул. Константиновская zz, кв. АА и ст.м. YY"

Правильный ли это адрес, не имею ни малейшего представления. Кто-то сказал мне, что именно здесь я живу, и я верю ему. География не была моим любимым предметом. В языках я тоже никогда не был силен. Я – математик.

Это не слишком забавно, тем не менее, вызовет веселье и счастье у тех, кто неспособен это получить. Бог создал женщину для мужчины, и поэтому лучшее, что они могут сделать, это – найти друг друга, или, предпочтительно, большую часть из них, лиц противоположного пола.

Женщины гораздо интеллигентнее мужчин, а также детей. Следовательно, вызвать веселье и счастье у них – стратегия наименьшего риска. Вы станете счастливым, и они будут счастливы. Они поймут вас. Далее, они знают, что мужчины чувствительны и не понимают беспокойства, следовательно, не вернут его вам назад.

Отвлекаясь от женщин, что особенно подходит для вас, если вы женаты, даже единственное, действительно удовлетворительное решение перестанет быть удовлетворительным через некоторое время. Вам необходимо найти кого-то, кто сделает это для вас.

Вам следует знать, что есть только одна личность, которая хорошо создает беспокойство. Вы должны сказать следующее: 'дражайший, вы создали это, я устал, пожалуйста, разберитесь в этом для меня'. Слушайте Его, и Он скажет вам, что делать.

Он знает, сколько беспокойства вы способны перенести. После 70 лет или около этого, иногда больше, иногда меньше, Он замечает седые волосы или их отсутствие и прекращает увеличивать ваше беспокойство. Именно таким образом Он сочувствует.

Чем лучше вы учитесь справляться с беспокойством, тем больше Он вам его дает. Не думайте, что это только потому, что вы – женщина, нет никого умнее вас.

Теперь, когда вы знаете определяющий фактор относительно того, как долго вы будете жить, вы можете также решить, как долго вы хотите жить. Пример: вы хотите жить, скажем, 200 лет. Все, что вам нужно, это просто просить Бога каждый раз, когда Он дает вам беспокойство, умерить его.

Лучше, в каждом случае, добавлять слово 'пожалуйста'. Его отклик полностью зависит от того, какие у вас с Ним взаимоотношения. Тогда у вас вовсе не будет седых волос или, возможно, если Его отклик будет иным, у вас вовсе не будет беспокойства, начиная с завтрашнего дня.

Изберите другой путь, и ваш религиозный прогресс будет сложным образом связан с беспокойством. Зачем еще Он будет давать его вам?

Глава 26: Воспитание Девочки

Разговор о причиняемом беспокойстве естественно переходит к предмету воспитания девочки. Здесь уместно составить ваш список 'желаний':

- Она должна быть вегетарианкой, чтобы надолго сохранить здоровье в будущем мире, где животные продукты будут загрязнены, и чтобы на ее любовь и другие энергетические сферы не воздействовала жестокость.
- Ее наилучшая диета – молоко и йогурты с небольшим добавлением сахара. Она должна вскармливаться грудью так долго, как это возможно.
- Она не должна вырасти христианкой. Институт брака, вся Африка, Америка, Индия и т. д. были отравлены христианскими идеями вмешательства и наживы.
- Ее обучение в школе должно быть сведено к минимуму, и ему не следует уделять большого внимания, чтобы она не подпала слишком сильно под влияние упадочной западной 'цивилизации'.
- Лучше жить подальше от центра города, или в сельской местности.
- Ей не следует разрешать смотреть телевизор, ходить в кино, пользоваться компьютером и т. п., пока ей не исполнится, по крайней мере, 12 лет.
- Следует избегать западной медицины.
- Она должна помогать матери в любой работе, которую та делает по дому.
- Она должна быть с матерью так долго, как это возможно. Оптимально, чтобы это было, по крайной

мере, 70% каждого дня, т. е., все время, пока она спит, и ее мать должна быть с ней следующие 10 часов в день.

- Вплоть до 4 лет она должна спать со своими родителями. После 4 лет девочка не должна спать с родителями.
- В 12 лет она должна получить правильное сексуальное образование в беседах со своим отцом.
- Она должна знать, что она должна всегда хорошо слушаться свою мать и уважать своих родителей.
- Ей не следует разрешать идти своим путем, и ее следует отправлять в ее комнату на несколько часов без пищи, если она озорничает. В наше время дети едят слишком много, и лишение их пищи на несколько часов для них не плохо, а полезно. Кричать на них – плохо. Если у девочки возникли эмоциональные трудности, матери следует поспать с ней одну ночь (только).
- Между матерью и дочерью должен состояться очень личный разговор, мать должна расспрашивать ее о ее чувствах и мыслях, начиная с раннего возраста, так что она продолжит узнавать свою дочь.
- Мать должна стараться изо всех сил сохранять прекрасные, любящие взаимоотношения с ее мужем, так что девочка, видя счастье матери, будет стремиться копировать ее поведение, которое ведет к такому успеху.
- Итак, в воспитании девочки есть много аспектов, и здесь описаны только главные из них, которые надо стараться воплотить в жизнь, и за которыми необходимо следить, если вы хотите, чтобы ваша дочь вела счастливую жизнь в будущем.

Глава 27: Достоинство Мужчины

Если вы настроились помогать людям, вы будете привлекать к себе много приятных людей. Время от времени им будет требоваться ваша помощь, и они сами будут помогать вам время от времени.

Однако следует помнить, что на Западе люди желают вмешиваться. Если вы живете в Китае или Японии и так далее, проблем меньше. Однако на Западе тенденция к вмешательству укоренилась. На протяжении 2500 лет представители Запада вмешивались во все происходящее в мире.

Это вмешательство в вашу жизнь вызывает стресс. Истоки стресса следует классифицировать следующим образом:

- Вы заняты своей жизнью, но они хотят использовать ваше время. На Востоке, вас, в этом случае, спросят, свободны ли вы, как вы отнесетесь к моему приходу? И пока для этого не появится особая причина, они не сделают и этого. Однако на Западе, приятные люди считают, что вы существуете для того, чтобы помогать им. Им требуется общение, поэтому они приходят и вмешиваются в вашу жизнь. Вы не можете продолжать делать то, что вы хотите. Большая проблема заключается в том, что они хотят занять не несколько минут вашего времени, а несколько часов. И это не потому, что у них возникли серьезные трудности, которые необходимо обсудить. Дело просто в том, что, будучи плохо воспитанными, они нуждаются в компании.
- Второе, это вмешательство – настойчиво. Они хотят знать, что вы делаете, даже если это вовсе не их дело. И, если вы даете им какую-нибудь информацию, они начинают думать об этом и считать, что их знание – ценно для вас.

Тогда они начинают давать вам советы. Вы должны делать это. Вы должны делать то. Они не в состоянии осознать концепцию, что если вам потребуется совет, вы его попросите, а если вам не нужны советы, то им не следует их вам давать.

Это – главный источник стресса в современном мире. Есть единственное, чего вам следует избегать, и это – стресс.

Допустим, вы помогли кому-нибудь тем способом, которым пожелали, но вам необходимо объяснить этим людям, что ваша жизнь – ваша, а не их. Неизбежно, это огорчит их. Они не могут осознать концепцию невмешательства.

Неизбежно, если вы помогаете людям на Западе, ваша помощь должна быть временной. Вы оказываете определенную помощь, и идете дальше. На Западе трудно завести друзей. Браки неизбежно разваливаются, то же происходит с дружбой.

Люди верят, что когда они дают вам что-нибудь, они поступают хорошо. Это «что-нибудь» может быть предметами, деньгами или помощью.

Они верят, что когда они поступают хорошо по отношению к вам, они могут в дальнейшем рассчитывать на вас. В их сознании это оформляется как предполагаемая торговля или сделка. Опять же, это западная традиция. Такого не бывает в Индии или Японии, даже сегодня.

В действительности, они вредят вам. Ваше здоровье гораздо важнее, чем получение некой ‘помощи’ или денег, или рождественского подарка. История Запада свидетельствует о том, что люди вредят другим, пребывая в полной уверенности, что помогают им.

По традиции Йога, индийской традиции, попросить кого-нибудь помочь вам означает 'действовать ему во благо’, и никак иначе. Только в нынешние времена появились люди, несклонные помогать другим, и это выглядит так, как будто они помогают вам, если вы попросили их о помощи!

В действительности, помогать другим – это привилегия, возможность.

Глава 28: Стресс

Болезнь номер один в современном мире – это стресс. Как я объяснял в некоторых моих книгах, в настоящее время ученым неизвестно разрушительное воздействие стресса. Это гораздо опаснее, чем люди привыкли думать.

Религиозный деятель никогда не испытывает стресс. Попытки помочь людям неизбежно приводят к стрессу. Это порочный круг. Вы помогаете кому-нибудь, а затем эти люди вызывают у вас стресс. Они злоупотребляют вашим гостеприимством, проводят много часов, растрачивая ваше время и так далее.

В наступившие времена люди неспособны слушать. Из-за образования западного типа, они верят в собственную значимость. Их мнения важны. Их мысли важны.

Все, что имеет к ним отношение, важно. И затем они хотят приписать свои мысли вам. Однако это перенесение – отнюдь не на несколько минут. Память становится все хуже. Они не помнят, что они говорили вам несколько минут назад, не говоря уже о вчерашнем дне.

Они думают об одном и том же опять и опять. Следовательно, они говорят вам одно и то же опять и опять. Чем больше времени вы проводите с обычными людьми, тем чаще они будут повторять вам то, что уже говорили.

Слушать одно и то же опять и опять, для вас – нехорошо. Это вредит сознанию. Так же как и размышление об одном и том же опять и опять.

А вам необходима мирная, безмятежная жизнь, чтобы вы были способны помогать другим. Вы не можете многие и многие часы проводить в стрессе, и в то же время сохранять сознание в мирном и безмятежном состоянии, что необходимо для помощи людям.

Вы должны решить, хотите вы помогать людям, или находиться под влиянием стресса. И то, и другое – невозможно. В любом случае, если вы теряете часы вашего времени в разговорах ни о чем с другом, у которого повреждено сознание, это означает, что вы не помогаете другим людям. Вы также не помогаете ему или ей.

Скорее рано, чем поздно, если вы хотите продолжать ваше религиозное путешествие, вам потребуется дисциплинировать людей, с которыми вы взаимодействуете в своей жизни. Например, вам придется выключать ваш телефон на много часов в день, и им придется приходить к вам в то время, которое вы назначили, а не когда им заблагорассудится.

Если бы было можно осуществлять религиозное путешествие без взаимодействий с современными людьми, вы бы не имели стресса. Вы сохранили бы свое здоровье и избежали бы в будущем серьезных проблем, обусловленных стрессом.

Тем не менее, вам необходимо взаимодействовать с людьми, а именно – помогая им, так и тогда, когда они просят о помощи, и если эта помощь действительно необходима. Эту мысль вы должны донести до них, когда будете устанавливать пределы, далее которых их вмешательство в вашу жизнь не должно распространяться.

Глава 29: Если Дела Идут Плохо

Это не есть еще одна Глава о девочках. Когда вы находитесь в религиозном путешествии, дела никогда не идут плохо. Эта Глава посвящена тому, что делать, если кажется, что дела идут плохо.

Смелое утверждение, 'никогда не идут плохо'. Ваша жизнь – она для вас, не для вашей девочки. Вы делаете все лучшее, что можете сделать для нее, и, начиная с 15 лет, перед ней открыта ее собственная жизнь. Результатом для вас оказывается ценный жизненный урок, возможно, и больше (в зависимости от того, сколько времени вы проводили с ней).

Большую часть времени, тем не менее, люди не находятся на религиозном пути, хотя сами они думают иначе. Вы идете в церковь. Или в храм. И говорите: 'дорогой хх, пожалуйста, дай мне завтра один миллион долларов наличными'.

Или обращаетесь с еще более бесполезной просьбой. Все просьбы бесполезны, поскольку Бог знает, что Он хочет делать, и ваши просьбы, чтобы Он сделал что-то отличное от того, что Он хочет, просто глупы.

У него благотворная система мышления, и она не изменится всего лишь потому, что просто земное существо попросило его сделать нечто менее хорошее, чем он хочет. Или Он может. Он собирался дать вам два миллиона долларов, но вместо этого даст только один. Самое меньшее, вам необходимо сказать: «пожалуйста, пожалуйста».

Вы поете гимны или поклоняетесь, или повторяете 'спешу, спешу' и не делаете ничего полезного в эти часы недели. То, что вы не делаете ничего полезного, разрушает сознание. Ничего не делать – это может показаться приятным, но то же самое происходит, когда вы курите сигарету.

Однако разрушение вашего сознания, это хуже, чем разрушение легких. Я обсудил процессы, которые разрушают сознание, в моей книге по практической Йоге 'Йога'.

Итак, вы встречаетесь с вашей девочкой (я обращаюсь к матерям подростков, не достигших 15 лет) в 7 часов вечера, когда, усталая, возвращаетесь с работы. Она послушно ждала вас в течение 11 часов. Вы извинитесь? Нет, вы отошлете ее, или прикажете выучить, когда произошла битва при Гастингсе.

Причина, по которой девочки, а, следовательно, и женщины, так плохи, заключается в том, что их матери не дали им любви. Есть очень простой тест для проверки, сколько любви мать недодает своей девочке: посмотрите, насколько она (девочка или мать) капризна и неконтролируема.

Это когда вы выполняете свой религиозный долг, дела никогда не идут плохо, только кажется, что это не так. Естественно, когда кажется, что дела идут плохо, человек время от времени впадает в уныние. Вы в сотый раз надоедаете с просьбами помочь вам в ваших благотворительных делах.

Или пытаетесь подружиться с приятными людьми, которые слишком заняты невыполнением своего долга, чтобы обеспокоиться тем, чтобы принять дружбу.

Усталость от этого, озабоченность и уныние – разные вещи. У вас не будет уныния оттого, что дела, как вам кажется, идут плохо, когда вы находитесь в религиозном путешествии. У вас есть только одно желание, только одна цель, и это – осязаемая, реальная любовь того, кого вы любите. Вы можете впасть в уныние от недостатка свидетельств этого.

Итак, вам стало тоскливо заниматься практической деятельностью (скажем, скучной деятельностью), которой вы занимаетесь для Него. Вы предпочитаете повторять 'спешу, спешу', как делает большая часть поклонников индийской религии на Западе. Очень хорошо. Прекрасный опыт. Но как он поможет вам?

В этих обстоятельствах, когда вы не можете слышать Его и не знаете, что он хочет, чтобы вы делали, или даже неприятнее, Он даже не говорит вам, что Он хочет, чтобы вы делали, вам следует присесть на несколько минут и не делать более ничего.

Затем, съешьте что-нибудь сладкое, возможно, если вы – замужняя женщина – предпримите некоторые сексуальные действия с Ним, и через некоторое время вы почувствуете себя освеженной, и вы будете думать о чем-то еще плодотворном, что вы можете сделать для Него.

Жизнь состоит не из того, что вы делаете, не из того, что вы достигли, она состоит из ваших попыток сделать наилучшим образом то, что Он хочет, чтобы вы делали.

Главное – слушать. Если вы – с Богом и с хорошим мужем, Он не захочет, чтобы вы совершали неплодотворные действия. Ваше терпение больше, чем Его.

Если вы делаете то, что Он хочет, чтобы вы делали, и вы знаете это, потому что вы слушаете, всегда есть какая-то скрытая цель в действительно глупых вещах, которые Он просит вас делать. Иногда это – проблема, связанная с людьми.

Что касается Бога, Он заинтересован в автомобилях не белее, чем в вас. Когда Он просит вас сделать что-то в сотый раз, возможно, написать кому-нибудь письмо с просьбой о помощи, и вы знаете наверняка, что этот человек не собирается помогать вам, для этого есть причина.

Вам не требуется уставать от этой деятельности. Эта причина может состоять, например, в том, что Бог хочет предоставить человеку, которому вы пишете, еще одну возможность сделать что-то хорошее в его или ее жизни. Думайте о Нем и делайте то, что Он хочет, чтобы вы делали.

С этой целью, вам даны ум и сознание.

По крайней мере, в тот период, когда вы еще не вошли в контакт с Ним, вам необходимо использовать свои способности, чтобы делать плодотворные вещи и, когда вы встретитесь с чем-то, что приводит вас в уныние, или когда вы устанете от этой деятельности, сделайте короткий перерыв. Произведите переоценку ситуации. Думайте об этом, даже во сне.

Не исключено, что утром у вас появятся некоторые идеи о том, как помочь Ему. Или, вы более не будете унылым и усталым, и сразу продолжите помогать Ему.

Чувствительных людей, каким вы должны быть, работа изо всех сил для пользы другого истощает. Если вы работаете изо всех сил для собственного блага, вы рано или поздно получаете ощутимую награду, а если не получаете, то переключаетесь, и опять же, работаете изо всех сил над чем-то еще.

Выигрыш, который вы получаете, стимулирует ваш энтузиазм. Если вы находитесь в тесном контакте с лицом, для работаете изо всех сил, вашим мужем, например, и вы любите его, эта работа вас не истощает. Даже если вы не добиваетесь успеха, ваша любовь оживляет вас. Если вы не находитесь в тесном контакте с этим человеком, эта работа вас истощает.

Решением всех этих проблем является веселье и счастье (другая дочь).

Глава 30: Напряжение

“Дорогой хх,

Вчера мы обсуждали ваши дальнейшие планы, а также проблемы с вашим здоровьем. Вам 30 лет, и вы ведете исключительно насыщенную жизнь. Вы всегда торопитесь. Вы бесценны, когда речь идет о вашей работе с компьютерами, но вы проводите с компьютерами слишком много времени. Хочу дать вам совет:

- *У вас есть возможность поехать в другую страну, Австралию, и начать все сначала. Мой совет основан на том, что здесь вы удачно устроились, и у вас прекрасно идут дела. В других странах трава всегда зеленее – это старая английская поговорка. Вам не нужно ехать в Австралию, вам нужно остаться здесь и быть счастливым.*
- *По крайней мере, один день в неделю вам следует не работать с компьютерами. Например, от 4 часов вечера в субботу до 4 часов вечера в воскресенье развлекайтесь, пойдите в кино или в парк, почитайте книгу и т. п.*
- *У вас была идея относительно бизнеса с малоформатными фотокамерами. Тем не менее, у вас уже достаточный доход и есть перспектива. Зачем нужен такой резкий поворот и зачем эта попытка начать другой бизнес? Я считаю, что вам следует забыть об этом.*
- *Вы сказали мне, что действительно любите заниматься разработкой программ. Поскольку это именно то, что вы любите, я верю, что вам следует сконцентрироваться на этом. В ближайшие недели напишите мне о своих мыслях*

по поводу ваших идей, мы сможем обсудить их и увидеть, что будет хорошо для вас.

- *Каждый день тратьте 30 минут на медленную прогулку. Например, вы можете заниматься этим во время, отведенное на ленч.*
- *Когда вы прогуливаетесь, не слушайте музыку. Я знаю, в наше время это модно, но это вредно для вашего мозга. Ваш мозг должен отдыхать время от времени. Посмотрите вокруг, посмотрите на людей, которые рядом, наблюдайте ваше окружение и будьте счастливы.*
- *Каждый вечер, перед тем как ложиться спать, проводите две минуты, расслабляя заднюю часть своего мозга.*
- *Продолжайте работать по программе Йога, которую я вам дал.*
- *Слушайте людей. Вместо размышлений, проводите как можно больше времени, сознательно выслушивая то, что они могут сказать. Даже если в их словах не слишком много смысла, даже если вы лучше знаете предмет, дайте им некоторое время.*
- *Не имеет особого значения, если ваши идеи определенно лучше, чем имеющиеся у них, важно то, что вы учитесь слушать. Если вы будете так поступать, они тоже будут в выигрыше.*
- *Не следует спешить. Ходите медленно. Делайте остановки. Не тревожьтесь. Если вам следует сделать что-то, отведите на это время. Это не тот совет, который я даю каждому. Некоторые люди пребывают в привычной спешке, и всегда делают то, что они должны. Другие избегают выполнения своих обязанностей. Вы выполняете свои жизненные обязанности, что очень хорошо, но*

> *спешка – плохая привычка. Вам следует избавиться от нее.*

С наилучшими пожеланиями,

Шям”

Глава 31: Размышления о Нем

По моему мнению, думать о Боге невозможно. Вы можете думать о помидорах, потому что вы видели их, ощущали их, пробовали их. Однако сущность Бога в том, что вы не можете видеть Его. Таким же образом, вы не можете видеть собственную душу.

В индийской философии, Бог есть сокровенный центр вашей души, душа вашей души. Естественно, вы не можете видеть его и так далее. Я не говорю, что если Он захочет явить Себя вам, Он не сможет этого сделать.

Мышление есть деятельность сознания. Оно производится сознанием. Ваше сознание – это компьютер. Компьютер делает то, что умеет. Он не знает о Боге.

Бога можно любить. О нем нельзя думать.

Далее, я думаю также, что совсем непросто закрыть глаза и погрузиться в любовь к Нему. Погрузились вы в любовь к Нему или нет, вы явно приблизились к Нему. Однако если вы думаете об этом, посмотрите вокруг себя и вы увидите, что это такое, когда вы любите и испытываете нежные чувства.

Это красивые вещи, красивые мужчины, прекрасные женщины, вещи, о которых вы думаете, о которых заботитесь, с которыми имеете дело. Бог – это личность, первичная душа, от которой вы крайне далеки.

В этом и заключается вся цель религиозного путешествия: развить в себе великодушие и доброту, и так далее, так что вы окажетесь ближе к Нему. Наконец, для среднего человека, погрузиться в любовь к Нему – это самое трудное. И, по моему мнению, в наши дни никто никого не любит. Это все привязанность, а не истинная любовь: это результат современного образования. Мы все используем наши компьютеры, но не наши сердца.

Некоторые говорят, что следует воспевать Его имя. Предполагается, что некоторым волшебным образом, это приблизит вас к Нему. Испробуйте это на вашей жене или вашем муже. Это отдалит от вас его или ее. Вам следует делать нечто полезное для вашего супруга, а не воспевать его имя.

Некоторые из вас изучают Его. Как и я. Что вам следует делать, так это – слушать и смотреть, чтобы понять, что Он хочет, чтобы вы делали. Воспевание, песнопения, размышления, попытки пристально вглядываться в свечу, медитация, использование всех этих средств означает, что вы не прислушиваетесь к Нему.

Итак, слушайте и ожидайте, и работайте для Него. Возможно, Он даст вам любовь к Нему, или, может быть, Он найдет вам любящую жену или мужа. И, если вы не можете слушать, по крайней мере, делайте полезные, приятные вещи для себя и других. Все это приблизит вас к Нему.

Глава 32: Ваше Духовное или Религиозное Путешествие

Во время смерти вы узнаете о Боге. Подробности ваших жизней мелькают перед вами, и вы испытываете страх. В действительности, вы знаете, что Бог справедлив, и, кроме того, вы знаете, что хорошо и что плохо.

Он дает вам знание о страданиях, которые вы причинили нарушением пяти принципов этики. В Индии ситуация, когда Бог приходит к вам в этот момент, называется 'Яма'.

Ваша жизнь наяву, в терминах правильного и неправильного, состоит из решений, которые вы принимаете относительно хорошего и плохого, в среднем – одно такое решение в минуту. У всех у нас было примерно 1000 человеческих жизней, поскольку человеческая жизнь на Земле началась около 50000 лет назад.

Следовательно, вы сделали приблизительно 300 миллионов хороших или плохих выборов (в Индии это называется 'Карма'). В данной точке вашей жизни, вы утратили ваше тело и ваше сознание. Обработка информации происходит гораздо быстрее. Нет необходимости посылать ее в мозг, получать, анализировать и так далее, а затем отправлять обратно.

Чтобы постигнуть следствия, скажем, 150 миллионов плохих выборов, если обрабатывать информацию через мозг, вам потребуется около 15 миллионов секунд, т. е., примерно 175 дней: почти полгода, или, скажем, от 0 до 1 года, в зависимости от доли выборов в ваших 1000 жизнях, которые противоречили дхарма (хорошие решения).

В традиционной индийской мудрости, день Бога – это 1 год человеческой жизни. Вы, который есть ваша сущность, божественны, с точки зрения Бога.

Ваш период страха и узнавания того, что вы сделали плохого, продолжается от одного мига (если вы никогда не делали ничего плохого за последние 50000 лет) до одного дня (если каждое решение, которое вы принимали за последние 50000 лет, нарушало принципы этики).

В действительности, если вы изучали индийскую философию, вы знаете, что мир имел два цикла из четырех различных эпох, различной продолжительности. Продолжительности этих периодов соотносятся как 4:3:2:1, и Кали Йуг, нынешний период, самый короткий.

Кали Йуг начался в 325 году до нашей эры и завершится в 2050 сего числа... Количество хорошего в мире уменьшилось от 100 процентов в двух золотых веках до 25 процентов в текущем веке. Это второй из двух циклов мира, были аналогичные продолжительности и количества хорошего и в предыдущем цикле.

Поскольку вы жили в долгом периоде в эпохах, в которых преобладало хорошее, доля плохих решений в ваших жизнях до сегодняшнего дня составляет приблизительно одну треть от доли плохих решений, которые вы принимаете в вашей текущей жизни. На протяжении более 20000 лет из общей продолжительности ваших человеческих жизней около 50000 лет, вы вели жизнь, в которой вы вовсе не принимали плохих решений: никаких решений, противоречащих пяти этическим принципам яма.

Следовательно, реальный период страха, следующего за смертью, составляет, в среднем, около 5 часов, примерно половину той продолжительности, которую дает упрощенная оценка, основанная на допущении, что соотношение хороших и плохих решений составляет 50/50. У личности, которая за все 50000 лет человеческого существования ни разу, фактически, не нарушала этические принципы, продолжительность страха составит один миг, а у личности, которая за 30000 лет всегда принимала плохие решения, этот период растянется на 12 часов.

После завершения этого пятичасового периода (для среднего человека), вы продолжаете ваше духовное или ваше религиозное путешествие.

Ваше духовное путешествие – одно из несчастливейших и беспощадных. В вашем религиозном путешествии вас будет сопровождать любовь.

Духовное путешествие неизбежно для каждого, в той точке, или иной, пока вы не ступите на религиозный путь. Отправная точка религиозного путешествия совпадает с твердым бесповоротным решением ступить на путь Карма Йога. В Йога Сутра Мудрого Патанджали это называется 'крийа' Йога: Йога очищения.

Она включает больше, чем просто прекращение нарушений законов этики. Единственное плохое решение означает, что вы не пребываете в религиозном путешествии. Без помощи Бога, для человеческого существа невозможно избежать единственного плохого решения.

Это становится возможным после того, как вы выполнили 'Ишвара Пранидхана' (препоручение Богу вашего тела, сознания и сущности). Шаги, приводящие к Ишвара Пранидхана, это тапас и свадхяйа: выполнение хороших действий, направленных на помощь человечеству, и принятие мер для уменьшения вашей гордости.

Вы не начнете религиозное путешествие на этой лестнице, не практикуя также первых двух этапов религиозных обрядов (называемых нияма в философии Йога): сауча (очищение тела и сознания) и сантоша (удовлетворенность).

Бог милосерден. Он будет помогать вам на каждом этапе пути, если у вас есть искреннее намерение начать религиозное путешествие.

Выводы

Иногда говорят, что некто будет думать о Боге или медитировать с Ним. С моей точки зрения, это бесполезная деятельность. Какие преимущества появляются для кого бы то ни было, включая Бога и вас, от мыслей 'я думаю о чрезвычайно большом существе'? Или от мыслей 'некто, кто очень и очень красив'. Это все – фантазии и поверхностность.

Или, некто может думать о Нем, как человек, потерявший возлюбленную. Мысли вроде 'я хочу, чтобы Он был здесь', 'я надеюсь, что Он счастлив' и так далее. Это не есть мысли о Нем, а некий тип фантазий и бесполезной деятельности

Человек должен слушать Его, но не думать о Нем.

Аналогично, нет смысла в том, чтобы задавать Ему вопросы. Если Он хочет сказать вам что-нибудь, то Он скажет. Ему совсем не нужно дожидаться ваших вопросов. Он уже знает, какими будут ваши вопросы.

Если Он хочет, чтобы вы увидели некоторые Его особые стороны, то вы их увидите. Нет смысла закрывать глаза и ждать или стараться, пока вы не полюбили Его. К тому же, для этого должна быть причина. Большинство людей в этом мире никогда не знали любви. Следовательно, они не будут знать, что это за причина.

Звук – это первичное средство, при помощи которого Бог являет Себя вам, если Он так решит. Вид – это следующее, и более частое средство, и использование Им других ваших органов чувств с этой целью происходит менее часто.

Вам не следует воображать, что явление Его присутствия вам будет особой силы. Оно может быть настолько слабым, что вы и не заметите его. Или, оно может произвести такое мощное впечатление, что вы будете ошеломлены, или что это продлится 12 часов или двенадцать лет. Это может быть что угодно, в зависимости от того, что Он решит.

Пока вы имеете некоторое желание найти Его, вам не требуется пытаться и слушать Его. Очевидно, что если Он захочет, чтобы вы услышали Его, вы Его услышите. Тем не менее, вам следует прилагать усилия. Эти усилия в Йога и в индийской философии называются тапас.

Вот несколько советов, которые я дал тому, кто недавно мне писал:

'Дорогая хх,

С одной стороны, я рад, а с другой – огорчен тем, что вы мне рассказали кое-что из этого.

Прошлое имеет последствия в будущем. Восхваление ОМ Намо Шивайа не поможет преодолеть печаль, созданную в этой жизни. Это может помочь временно преодолеть печаль, созданную в предыдущих жизнях, но соотношение счастья и печали постоянно в вашей жизни и, по моему мнению, такое восхваление не создает ничего фундаментально хорошего.

Вы должны принять твердое решение, которому вы будете следовать, и сделать все возможное, чтобы воспитать вашего существующего ребенка должным образом. Я всегда хотел, чтобы у меня был ребенок, и вы не должны пренебрегать своим долгом – заботиться о нем на протяжении следующих уу лет.

На протяжении следующей недели, когда вы будете обеспокоены, я буду думать о вас, но вы должны решительно принять на себя некоторые обязательства, и, чего бы это ни стоило для вашего счастья, вы должны делать все, на что способны, для вашего сына. Это – ваш религиозный долг.

Лучше принять решение всегда думать о вашем сыне, который нуждается в вашей помощи и других вещах. Если вы вступили с кем-нибудь в брак, то мой совет будет иным.

Думать о вашем сыне – это не то, что следует делать. Нужно принять прочное, несокрушимое решение найти для него подходящего отца. Вы должны подготовить себя к правильной семейной жизни, которая, по моему мнению, радикально отличается от того, что вы могли иметь в ваших трех предыдущих браках. Этот брак, если Бог опять пожелает этого для вас, будет ради вашего сына, но возможно, это будет хорошо и для вас тоже.

В религиозной жизни есть две необходимости: выбирать хорошее, а не плохое, и действовать в соответствии с решениями, которые вы выбрали. Не существует магического обучения, которое я мог бы вам предложить для помощи в этих делах. Вы делаете эти две вещи или нет, в соответствии со свободой воли, которую дал вам Бог.

Вы можете, и я тоже, всегда поступать правильно.

Наилучшие пожелания вам в ваши трудные времена и всегда

Шям'

Утром в моем сознании появились некоторые свежие мысли относительно того, как я мог бы помочь этой женщине с ее сыном и ее нерожденным ребенком, и я написал следующее:

'Дорогая хх,

Я еще некоторое время размышлял о ваших проблемах. Для желающего отправиться в религиозный путь трудности в жизни даются, чтобы помочь ему или ей делать правильные выборы. В настоящее время в вашей жизни есть три человека, которым вы должны оказать самую серьезную помощь.

Это:

- *вы сами*
- *ваш сын, zz*
- *ваш существующий ребенок.*

Когда Бог дает вам ребенка, Он делает это по определенной причине. Далее, эта причина включает только хорошее. Кроме того, когда Он дает вам что-нибудь, связанные с этим выборы, в отношении вас самого, в отношении других (ваших двоих детей) не противоречат друг другу. Что хорошо для одного, хорошо и для остальных, и так далее. Это относится к тому, что Он дает желающему отправиться в религиозный путь.

В отношении вас, ваш религиозный прогресс остановится, если вы решитесь на аборт. Я не фундаменталист христианства, утверждающий, что женщина никогда не должна делать аборт. Я помогал другим женщинам в обстоятельствах, не слишком отличных от ваших, принять решение сделать аборт.

Она жила в России, и должна была работать с утра до ночи просто чтобы прокормить себя и заплатить за жилье. У нее не было семьи, которая могла бы помочь ей. В ее сознании, тем не менее, не было религиозного прогресса.

В вашем случае, деньги – не проблема. Далее, у вас большая семья, и родственники могут помочь вам.

В отношении zz, у него есть папа. Вам будет трудно, я знаю это, но могу предложить вам следующее. Очень скоро, сегодня же, подойдите к сыну и поговорите с ним. Объясните ему, что любите его всем сердцем, и всегда будете готовы на все для него.

Расскажите ему, что ему нужен отец. Что ему необходим отец, начиная с аа лет, чтобы он стал мужчиной. Расскажите ему, что вплоть до сих пор вы делали для него все, что могли, и что это долг матери по отношению к сыну, который вы честно выполнили.

Объясните ему, что теперь для его будущего и для его счастья будет лучше, если он будет со своим папой. Затем поговорите с его отцом и организуйте это.

Прежде, чем начать делать это, присядьте спокойно на несколько минут и спросите себя, хотите вы сделать самой лучшее для вашего сына, или нет. Вы не знаете, решит ли Бог, что вам нежно выйти замуж опять. Затем съешьте что-нибудь и примите ваши решения.

Религиозный прогресс вашего нынешнего ребенка остановится, если вы сделаете 'его' аборт.

Это обязанность родителей – наставлять детей таким образом, чтобы они отправились в путешествие к Богу. Zz, имея опору в лице своего отца и вас, будет счастливее, чем при выборе любого другого пути. Он всегда будет знать о жертве, которую вы принесли ради него, и это будет стимулировать его в его религиозном путешествии. Моя мать тоже принесла жертву ради меня.

Жертва необходима, коль скоро вы совершили ошибку.

С наилучшими пожеланиями вам, как всегда,

Шям'

Воспевание 'ОМ', хождение в церковь и печаль

Когда вы печальны, можно уменьшить вашу грусть, произнося себе мантру ('ОМ', 'ОМ Нама Шивайа', 'Кришна Кришна' и так далее). Либо вы можете слушать благочестивые песни, либо пойти в церковь.

Некоторые люди ходят в 'бхаджан' (группы, где люди поют благочестивые песни), или в классы Йога, или погружаются в работу, либо больше едят. Существует много решений, и все они действенны.

Печаль была дана вам Богом по определенной причине. Причина заключалась не в том, что вы могли быть счастливы или не печальны. В соответствии с индийским законом Карма, законом причины и следствия, избавление от печали сегодня означает просто, что вы будете печальны в другое время.

Далее, этот закон гласит, что ваша печаль возникла из-за того, что вы нарушали пять этических принципов ('яма') в своих предыдущих жизнях. Вы должны пострадать из-за вреда, который вы причинили, и, рано или поздно, вы будете страдать. Вы можете повлиять на время – когда именно это произойдет, но более – ни на что.

Для вас, желающего отправиться в религиозное путешествие, все, что Бог дает вам, Он дает для того, чтобы помочь вам приблизиться к нему. Вы принимаете печаль и радость, которые он дает вам, и говорите себе: «ладно, дайте мне исполнять мой долг по отношению к Нему или моему мужу, это единственное, что я хочу делать».

Если Он дает вам печаль или боль, счастье или радость, все это дается, чтобы помочь вам. У него есть оптимальная стратегия в отношении вас и вашей жизни.

Препятствуя Его желаниям, воспевая ОМ и так далее, вы причиняете постоянный ущерб вашему прогрессу. Или, вы можете никогда не встретиться с Ним.

Когда вы печальны, вы думаете о Нем, вы думаете о том, что плохого вы сделали, какие проблемы есть у вас или у других, и начинаете искать их решения. Вы хорошо прогрессируете, поскольку ваше желание разрешить ситуацию побуждает Бога относиться к вам еще добрее и предоставить вам утерянный ключ, в котором вы нуждаетесь, чтобы понять, что вам следует делать.

Когда вы проводите день в церкви, занимаясь пением и будучи счастливым, тогда как вам следует быть печальным, вы забываете о своих ошибках и о проблемах, которые следует решать. Сейчас все хорошо, или Он сделает, чтобы это было так. Дела не так плохи, как это кажется.

Вам можете не беспокоиться. Вы можете спрятать голову в песок. Вы можете быть оптимистичны, скорее, чем реалистичны. Вы никогда не будете прогрессировать таким путем. Считать, что все хорошо, когда на самом деле это не так, уклоняться от своих обязанностей, непродуктивно загружать свое сознание – все это очень опасно.

Тяжелые последствия обсуждаются в моей книге 'Йога'. Вы уже не в религиозном путешествии. Счастливы, возможно. Возможно, восхваляете воображаемое имя Бога. Однако это только временно. Вы уклоняетесь от своего долга, противореча Его желаниям, и ничего хорошего из этого не получится.

То, что я сказал, не произойдет с ребенком. Если родители или обстоятельства делают ребенка несчастным, для него естественно желать забыть об этом и быть счастливым.

Он еще не узнал о Боге и о долге. Тем не менее, он остается несчастным. Он не становится счастливым. Пока проблемы сохраняются, он, естественно, несчастен. Ребенок не уклоняется от своей необходимости страдать от печали, когда Бог дает ему печаль или боль. Он не знает, как это сделать. Это еще одна из некоторых вещей, которым родители не должны учить ребенка.

Когда человек говорит, что он или она 'нашел' Бога и теперь счастлив, вы знаете, что он не нашел Бога, и что он более не находится на религиозном пути.

Если вы посмотрите вокруг себя в современном мире, вы поймете, что он в принципе непригоден для счастья.

Хочу привести слова хх, который искренне воспевает слова 'ОМ Нама Шивайа', которые я тоже воспевал, сказанные им о последних нескольких параграфах:

'я действительно согласен со всеми вашими комментариями, интересно, когда у меня есть проблема, я обдумываю ее и обнаруживаю, что я не могу медитировать или восхвалять, пока она не осознана и не решена, я понимаю, из чего вы исходите в своих славах,

еще раз благодарю за то, что вы поделились этим со мной'.

Что Означает Вкратце Ваше Религиозное Путешествие?

Вы – некто, желающий любить Бога.

Когда у вас возникает вопрос, требующий ответа, как то, что я сделаю следующим, вам необходимо присесть на несколько секунд и расслабить заднюю часть вашего черепа. Ожидайте, и услышьте первое, что придет в вашу голову. И затем сделайте это. Когда у вас возникает вопрос, требующий ответа, как то, что я сделаю следующим, вам необходимо присесть на несколько секунд и расслабить заднюю часть вашего черепа. Ожидайте, и услышьте первое, что придет в вашу голову. И затем сделайте это.

Восхваление ОМ и уничтожение печали, как описано в предыдущем разделе, означает, что вы не слушаете Его. Этот путь известен как Духовное Путешествие. Слушать – вот что вам необходимо.

Тем не менее, есть три вещи, которые вам необходимо сделать в первую очередь.

Шаг первый

Человек должен решить, и не просто решить, а воплотить в действие свое намерение жить в соответствии с этическими принципами. Первое и самое главное – это не причинять вреда другим и себе. Если кто-то ударит вас, вы можете вернуть удар, если Бог хочет этого. Если никто этого не делает, то и вы не делаете.

Вам необходимо стать вегетарианцем. Вам необходимо избегать лжи, пока кто-то не солжет вам. Вам необходимо избегать того, чтобы брать больше, чем вы даете (не крадите), будь то добрые дела или деньги. Если вы женаты, вам необходимо быть преданным вашей супруге в своем сердце, в своих действиях. Вас следует избегать ненужного расточительства, и необходимо жить просто, без избыточного имущества.

Когда вы так поступаете, в индийской философии это называется ‘яма’ вы не накапливаете печаль для периода, который воспоследует после вашей смерти. Печаль и Бог не слишком хорошо совместимы. Если вы хотите встретить Бога, знайте, что невозможно нарушать ‘яма’ и в то же время приблизиться к Нему после смерти.

Шаг второй

Вторoе, что вам необходимо сделать, это пожертвовать своим естественным стремлением к личной выгоде. Вы хотите думать о Нем. Вы хотите прогрессировать в своей жизни. Вы хотите развивать любовь к Нему в своем сердце.

Хорошо, возможно Он даст вам все это, или нет, мне неизвестно. Вы должны ждать и смотреть, хочет ли Он, чтобы вы это получили, или не хочет, и концентрировать свое сознание на том, чтобы искренне решить сделать третью вещь.

Шаг третий

Третье, что вам необходимо делать – это помогать некоторым хорошим людям: вам и вашей семье. Во-первых, задействуйте эффект ‘яма’. Не думайте, что вы можете обойти первый принцип, который я указал, и начать с третьего. Во-вторых, пожертвуйте вашим собственным развитием.

Когда вы утвердились в первом и втором шагах, вы можете перейти к третьему шагу. Это медленный процесс. Вы не сможете сознательно сделать третий шаг, если вам 23 года. В вашей жизни есть несколько обязанностей, которые вы должны выполнить сначала. Вам необходимы деньги, чтобы жить, вам необходимо здоровье, вам необходимы муж или жена, чтобы помогать вам быть счастливыми. Вам необходимо заботиться о ваших детях и ваших родителях.

Шаг четвертый

Итак, вы сделали первые три шага. Дети достигли 15 лет, и вы попросили их оставить вас как можно скорее. Вы свободны. Так вы думаете. Вам необходимо определить жертвы. Людей, которые нуждаются в помощи. Чтобы убедиться, что они не являются вашими жертвами, необходимо, чтобы прежде были сделаны шаги первый, второй и третий.

Некоторые люди хотят помощи, а некоторые – не хотят. Если человек не хочет чего-нибудь, то и нет смысла давать это ему или ей. Уважение необходимо каждому. Если кто-нибудь не уважает вас, вы можете не направлять свою помощь ему или ей. Если вы не уважаете их, то вам не следует направлять свою помощь ему или ей.

Присядьте на несколько секунд, расслабьте заднюю часть своей головы, послушайте, что Он хочет, чтобы вы сделали, чтобы помочь людям. Он дал вам возможность помогать и прислушиваться к Его советам. Если вы перепрыгнете через шаги первый, второй и третий, то есть вероятность, вернее, уверенность, что вы не достигнете вашей цели в жизни и не будете помогать людям.

Ваше Религиозное Путешествие состоит из шагов первого, второго, третьего и четвертого. Оно начинается, когда вы решаете прекратить ваше Духовное Путешествие.

Как Попасть Туда

Итак, когда я говорю «начинается», это не вполне точно. Жизнь – это труд, страдания, несчастья, тяжелая работа и все подобные милые вещи. Вы обманываете себя, если верите, что все это провалится в ваш подвал. Вы здесь для того, чтобы работать. Только великие люди, которые уже добрались туда, верят, что у них нет необходимости работать.

Большая картина – секс. Вам необходимо найти супругу и радовать себя, а затем провести 15 лет, делая крайне мало, по сравнению с вашими возможностями, в плане заботы о ком-то, кто не оценит этого.

Бытность человеком, скорее, чем великой личностью, включает ежедневную сексуальную деятельность, заботу о своем здоровье при деятельности, связанной с эмоциональными проблемами, которые возникают потому, что это жизнь, а не смерть, поиск любви, тщательное обдумывание и уклонение от духовной деятельности.

Кто из урожденных американцев ежедневно садится и на протяжении двух часов думает о себе: 'Я – Бог'? Так поступают только великие христиане и индийские лидеры. Вы должны оставить эти приятные мысли индийским духовным и религиозным лидерам, а также гуру и йогам, и следовать по пути обычных людей, а не великих.

Я писал многим организациям – 'религиозным' и 'Йога'. Христианским группам, Иудейским и Буддистским организациям, Индийским, многочисленным духовным организациям и организации Новый Век, многочисленным учителям 'йоги' и 'Йога'. По индийской традиции, если кто-то просит о помощи, вы делаете все возможное, чтобы предложить ее, если можете.

В тысячах просьб о помощи вы можете сказать, проверках их недостаточной религиозности и духовности, что же я получил? Явную грубость, которой и можно было ожидать от Христианских организаций, отсутствие отклика на просьбы о помощи от других, несколько приятных, но бесполезных выражений чувств от остальных.

Незначительная помощь от 1 из 1000 людей, самое большее. Количество людей, которые в настоящее время находятся в религиозном путешествии, гораздо меньше, чем вы думаете. В какой помощи от этих организаций я нуждался при написании книги? Этот параграф и есть та помощь, которую они оказали мне и точно то, что мне от них требовалось. Что еще может требоваться от них?

Не ожидайте большего от любого из отшельников и церквей в этом сегодняшнем мире. Самое главное, что вам следует делать, если вы хотите попасть туда, это избегать связей с теми, кто находится в духовном путешествии. То, что вы не должны делать, скорее, чем делать, это самая главная составляющая пути туда. Связи с духовными людьми будут сильно уменьшать ваши шансы.

Два ребенка отправляются в жизнь из одной и той же точки. Одного из них родители учат хорошо, другого – нет. Этот второй никогда не пожелает знать, что он или она потеряли. Он будет руководить, например, крупной компьютерной компанией, и будет зарабатывать миллион долларов в год.

И никуда не попадет. И все потому, что его родители не дали ему хороших наставлений. Так обстоят дела и с вашим началом религиозного путешествия. Вы идете в церковь и не выйдете из нее никогда. Вы придете в никуда. В созидательные годы вашего религиозного путешествия, вам необходимо быть крайне осторожным в отношении того, с кем у вас образуются связи.

Вам необходимо прочитать мою книгу ‘Йога’, чтобы понять, каким плохим может быть влияние других людей и постоянный вред, который Йога может причинять вам в результате. Вам необходимо прочитать мою книгу ‘Йога’, чтобы понять, каким плохим может быть влияние других людей и постоянный вред, который Йога может причинять вам в результате.

Бог дал вам мир, мозг, соседей, живых существ, и Он также дает миру тех, кто не будет помогать другим.

Вам необходимо решить, хотите ли вы использовать ту помощь, которая доступна: мир, ваш мозг, соседей, живых существ. Муравей, как вы и я, имеет дело жизни. Он ступает в лужу меда и умирает. Мед был ловушкой. Так же сегодня обстоят дела с религиозными, духовными и йогическими организациями.

Приведу пару своих определений, которые я бесстыдно украл из моей книги ‘Руководство для Мужчины по Достижению Любви и Счастья’:

Человечность. Она состоит из следующих 8 компонентов: готовность и способность слушать, готовность и понимание, обучение, из которого человек услышал и понял, применение того, что человек узнал, доброта, забота о себе и других, нежность и дружелюбие.

Зрелость. Она состоит из следующих компонентов: самодостаточность, знание своего собственного сознания, действия по указанию сознания и сердца, сильное сексуальное возбуждение, самоконтроль, физическая пригодность и сила, эмоциональный покой, отношение к женщине и женственности.

Ваше религиозное путешествие состоит в том, чтобы быть человеком и мужчиной (если вы мужчина) и быть женщиной (если вы женщина.

Шям Мехта, Центр Любящего Сердца
www.lovingheartcentre.net

Шям занимается йогой с 1957 года, а преподаёт её с 1973 года.

Он получил христианское воспитание в Англии.

В Кэмбриджском университете он начал интересоваться философией йоги и индуизмом.

Позже он снял вою индусскую священную нить, с целью полностью посвятить свою жизнь помощи всем добрым людям становиться счастливыми.

В своей жизни Шям обрёл разнообразный духовный опыт, и каждое мгновение, свободное от сна, он поклоняется Богу.

Шям Мехта, Центр Любящего Сердца
www.lovingheartcentre.net

Некоторые люди более склонны к духовной деятельности, другие ориентируются на любовь и так далее. Тем не менее, ваш хороший или плохой выбор в этой жизни может помочь вам приблизиться к Богу или отдалиться от Него.

Нет иного религиозного путешествия в жизни, чем такое: помощь людям, которые нуждаются в помощи и просят о ней

www.ingramcontent.com/pod-product-compliance
Ingram Content Group UK Ltd.
Pitfield, Milton Keynes, MK11 3LW, UK
UKHW041936190726
13854UKWH00004B/1617

9 781409 290186